U0604708

海淀教育名校名家丛书

丛书主编 张卫光 尹丽君

大爱无碍

于文与海淀区培智中心学校

于文 等 著

北京师范大学出版集团
BEIJING NORMAL UNIVERSITY PUBLISHING GROUP

北京师范大学出版社

图书在版编目（CIP）数据

大爱无碍：于文与海淀区培智中心学校 / 于文等著. —北京：
北京师范大学出版社，2014.6
（海淀教育名校名家丛书）
ISBN 978-7-303-17379-2

Ⅰ. ①大… Ⅱ. ①于… Ⅲ. ①北京市海淀培智学校—校史
Ⅳ. ①G769.281

中国版本图书馆 CIP 数据核字（2013）第 299971 号

营 销 中 心 电 话　010-58802181　58805532
北师大出版社高等教育分社网　http://gaojiao.bnup.com
电 子 信 箱　gaojiao@bnupg.com

DAAI WUAI
出版发行：北京师范大学出版社　www.bnup.com
　　　　　北京新街口外大街 19 号
　　　　　邮政编码：100875
印　　刷：保定市中画美凯印刷有限公司
经　　销：全国新华书店
开　　本：170 mm×240 mm
印　　张：16.75
字　　数：249 千字
版　　次：2014 年 6 月第 1 版
印　　次：2014 年 6 月第 1 次印刷
定　　价：50.00 元

策划编辑：齐　琳　　责任编辑：齐　琳
美术编辑：王齐云　　装帧设计：北京轻舟教育咨询有限公司
责任校对：李　菡　　责任印制：陈　涛

版权所有　侵权必究
反盗版、侵权举报电话：010-58800697
北京读者服务部电话：010-58808104
外埠邮购电话：010-58808083
本书如有印装质量问题，请与印制管理部联系调换。
印制管理部电话：010-58800825

成长中的教育家

顾明远题

《海淀教育名校名家》丛书

主　　　编：张卫光　尹丽君

副　主　编：王建忠　乔　键　甘丽平　王　方　张彦祥

执行副主编：陈　岩

编　　　委：（按姓氏笔画排序）

于　文　尹　超　冯　华　刘彭芝　李希贵

刘可钦　刘　畅　刘　燕　陈　姗　汪志广

宋　清　郑瑞芳　郑佳珍　郭　涵　胡剑光

秦书华　窦桂梅

本 册 作 者：于　文　等

总　序

　　《国家中长期教育改革和发展规划纲要（2010-2020年）》中明确提出："鼓励教师和校长在实践中大胆探索，创新教育思想、教育模式和教育方法，形成教学特色和办学风格，造就一批教育家，倡导教育家办学。大力表彰和宣传模范教师的先进事迹。"

　　为贯彻实施党的十八大精神，"办让人民满意的教育"，更好总结、积淀、提升海淀区名校名家办学的先进理念，北京市海淀区教育工委、北京师范大学出版社以海淀区名校、名校长教育教学改革成果及教育管理理念为基础，精心建设海淀区"名校名家"精品文库，就是现在呈现于读者眼前的这套《海淀教育名校名家》丛书。

　　这些学校，有的是著名大学的附属学校，有的是从延安过来的有着光荣革命传统的学校。但学校不是有一个什么名分就能成为名校的，这些名校有着悠久的历史传统，在历任校长、师生的共同耕耘下，办出特色、办出成绩，创造了新鲜的经验，在全国乃至国际上享有良好声誉，这才成为现在的所谓名校。在创造名校的过程中，校长无疑起到不可替代的作用。作为优秀校长，他们用先进理念和管理才能，带领全校教师，为一个共同愿景而努力。本套丛书正是聚焦这样一批名校长，近距离观察他们是如何在教育海洋中破浪前进的。

这些校长个性迥异、各有经历、办学思路也不尽相同，但共同的是在各自的学校创造了一段教育的传奇。他们是所在名校的灵魂，他们的言传身教，时时刻刻引领着教师和学生的发展。这些校长共有的特质是专业知识扎实，具有深厚的人文底蕴。她们具有灼热的教育情怀和教育激情；她们富有童心并热爱儿童；她们淡泊明志、宁静致远，以教书育人来体现她们的人生价值。

这套丛书并没有展现波澜壮阔的历史、恢宏博大的叙事，也没有解读深奥莫测的理论、长篇累牍的范例，而是讲述这些名校长们在日常管理和教学方面一件件小事，通过短篇故事形式，娓娓道来，让读者去品味和欣赏。

在这套丛书里，我还看到了海淀教育趋于成形的大器，海淀教育秉承红色传统、金色品牌、绿色发展的三色理念，坚持党的教育方针，以优秀传统为基础，以现代教育观念为先导，引领时代风气之先，坚持鲜明的价值追求，增强改革创新的意识，提升可持续发展的能力，从而涌现出一批各具特色的教育品牌。

解读海淀教育，形成海淀教育大印象，让海淀基础教育名校名家载入中国教育发展的史册。

是为序。

2014 年 3 月 27 日

目录

大爱无碍
于文与海淀区培智中心学校

引　言

　　为此书写序，让我浮想很多。

　　想到自己的青春时光，又想起别人说"培智来了两个白白胖胖的个子挺高的姑娘"（建校第二年在一群老教师中只有我和蒋老师两个年轻人），言语中显出诧异和不解，也许还有惋惜。

　　想到老旧的平房教室中的炉火，映照着不是很灵动的孩子的笑容。

　　想到第一次搬迁新校舍时，要带着孩子走很远的路去上厕所，到校门外找一块小小的平地当操场来上操，孩子们的动作依然很认真，运动会的彩旗舞动着快乐的心情。

　　想到新校舍落成后的自豪与兴奋，各种特色教室成为我们为来宾自豪介绍的起点，红房子、金钥匙、智慧海——每个教室的特色和功能至今熟记于心。

　　想到"非典"时期万人空巷，学生在家学习，而我们的老师利用这宝贵的时间，在校园的小院里，专心致志地编写教材，热烈地讨论、细致地研磨、仿佛没有病毒这回事。

　　想到我们的老师为来自全国乃至世界的同行们进行学术讲座，同行们赞不绝口，教师们充满自信的样子。

　　想到 2008 年又搬进现代化的新校舍，生态化的教学环境，科学专业的教学设备，老师们的教学更加多样和专业，令所有的人惊叹，没想到还有这么好的特殊教育学校，特殊教育原来应该是这样的啊！

　　想到从能说能跳只是学习不好的孩子才能收入学校，到全身瘫痪只有光感的孩子也有老师到他的床前进行教育训练。

　　想到过去只是年龄大的老师进行特教，而今天学特教的本科和研究生老师成为主力，虽然老师们身上还是有伤痕，但伤痕过后不是责难和抱怨，而是一本本观察记录和一篇篇优秀论文。

　　二十多年不是很长，培智人每一次探索，都还记忆犹新。一群有着特教理想的人，埋头苦干，扎扎实实，一步一个脚印，书写了培智教育的历史。

　　伴随着国家的发展，培智教育蓬勃地发展起来，中国的智障教育从无到有，从简单到专业，从封闭走向多元，从学习到创新。作为首批的实践者，作为全国特教先进单位，海淀培智将更加努力，让智障教育更加辉煌。

第一章

特殊的学生，特殊的学校

校长心语

　　生命的意义是什么？生命是这个世界上最神圣的东西，不管是残缺的还是健全的，都值得我们去尊重、去包容、去接纳。当今社会已经发展到一个很包容的氛围了，但仍有很多人不了解残疾人，尤其是有智力残疾的人。对他们来说，不是不人道，而是不知道。

　　教育的意义是什么？教育是要给所有儿童发展的机会，发展的可能，当然也包括有特殊教育需求的孩子们。特殊学校就承担起了这样的重任，它要承担起弥补生命缺憾的重任，让这群无辜的孩子们都能享受到本应属于他们的教育。

　　当我们理解了生命的意义和教育的意义，再回过头来看我们这群特殊的学生，看看我们这所特殊的学校，你就会明白特殊教育的真正职责所在。

/一/ 来自"遥远星球"的孩子

走近特殊的生命

天才与智障的困惑

阳光懒洋洋地照进教室,照在美术教室里陈列着的一幅幅作品上,颜色分外鲜艳明快。孩子们伏在桌旁,手拿画笔,努力完成自己手上的画作。只有康康在满教室地跑,一会儿翻动桌上的各种颜料、画笔,一会儿取出抽屉中的小书,坐在座位上自顾自地大声读着。

"康康,来,"胡斌老师一边唤着康康的名字,一边取出一本空白的画册,"今天张老师来我们班,你来给她画张像好不好?"康康坐在座位上突然哈哈大笑起来,前后左右地晃动着椅子,手举起来不停地晃着抖着,

没有拒绝，也没有答应。胡斌老师示意张老师坐下，把画册拿给康康，康康接过来，看了张老师一眼，开始在纸上画了起来。画几笔，停下来，看着手里的画大笑几声，然后继续画，却很少再去看眼前的张老师。

不到两分钟，肖像完成了。张老师带着满腹疑惑，拿过刚刚完成的画像看了一眼，顿时惊呆了。眼睛、眼镜、还有那一根根发丝，竟然都栩栩如生。"康康的视觉记忆很好，展现在他眼前的画面，他能快速记住，再用画笔在纸上表达出来。"胡斌老师在一旁说，"但是当没有实物在他面前时，他可能就做不到了。"接着，胡老师让康康在纸上画一棵开满鲜花的树。康康没有丝毫的犹豫，迅速在纸上画着，不一会儿就画好了。只见他在画纸上花了一棵树干，在树干底部画了一束花朵，各自都很生动，但却花是花，树是树，似乎毫无瓜葛。"他们的思维特点就是这样的，比较具体、直观，对抽象事物不能理解。"

康康的空间智能高于很多常人，但是谁又能想到这样一个看似神童的小画家竟然不能和别人正常沟通交流。像康康这样患自闭症的学生很多，我们称之为高功能自闭症，他们在某一智能领域具有常人不能理解的天赋，但是在很多生活适应领域却存在严重的障碍。阿亮也是这样的一个孩子。

阿亮来培智学校近十年了，刚来的时候总是哭闹，不肯吃饭，很少和别人沟通，也缺少有意义的语言。但是阿亮却有个一般人望尘莫及的本领，那就是对日期特别敏感。他能给日历中一两年内的年、月、日和星期准确地配对。当你报出近一年的任何一个日期，他都能快速说出这一天是星期几，准确率在90%以上。当你故意说错日期时，他总会痛苦地捂着耳朵，眉头紧紧皱起，用哀求的声音说"别，别，别说啦"，然后迅速纠正你，告诉你正确的日期。这项特殊的本领足以让人瞠目结舌，但是，这样一个难能可贵的数学小天才却连10以内的加减法都不会做，出门买瓶水都得让家人陪着。

或许，天才和智障就在这一步之遥吧，可就这一步之遥却使千千万万的孩子永远扣上了自闭症的帽子，让千千万万的家庭遍尝辛酸。我们至今仍无法确切了解这些孩子的大脑里发生了什么。除了这些高功能自闭症儿童，更多的自闭症儿童是无语言以及有情绪和行为问题的孩子，占到了这一群体的大多数。

【相关链接】

自闭症释义

自闭症,英文为 Autism,又名孤独症,是广泛性发育障碍的代表性疾病。自闭症儿童表现出三大核心症状:社会交往障碍、语言交流障碍及重复刻板的兴趣行为,并有伴随症状包括智力发育迟滞、感觉过敏或不敏感以及情绪行为异常等。该病通常在 3 岁前发病,其病因尚不完全清楚,一般认为遗传、孕期理化因子刺激等因素与其密切相关。

孤独心灵深处的秘密

自闭,孤独,这群被视为来自遥远星球的孩子们总是生活在属于他们自己的世界里。他们听得到声响却充耳不闻,他们看得到事物却视而不见,他们想要说话却不知道如何开口。有人说,不同人的不同特质,就像魔方的很多面,自闭症儿童只是表现出了魔方上不同的面而已。让我们一同走进这多面的神秘世界。

小博是个特别帅气的小男孩,大而深邃的眼睛总是充满了忧郁。看着小博那张纯净的脸,总会感叹上天为何这样对待一个本该美好的生命。音乐课上,其余的孩子都在跟随老师律动,他却低头坐在座位上,看着自己的手,边摇头边晃着手,沉浸在自己的世界里。突然,他站了起来,趁老师无暇顾及绕着教室一圈一圈地转,脸上还挂着莫名的笑,很灿烂。过了一会儿,他径自走到老师面前,突然伤心地哭了起来,很委屈,用如同打字机的声音说着"饿,了,饿,了……"所有的喜怒哀乐都来得那么突然。他很少有自己的主动语言,只会简单地表达生理需求,偶尔的语言也是在鹦鹉学舌,重复着别人的话,几乎不会和别人交流。每次想要好好看看小博那双漂亮的眼睛时,他却没有兴趣看着你,眼神游离,总会瞟向别的地方,也不知道是什么吸引了他的注意。

晗晗则不同,若是没有人和她说话,她就会异常焦躁不安,总爱追在别人后面说着重复的话。她有着一套自己的规矩,别人不能也不可以改变,一旦有所变化,她就会大哭大叫,直到一切都按照她的规矩来。她周一从不坐地铁，周四不能和爸爸说话，周五不能洗头，平时坚决不和姓张的男士讲话。她最喜欢把教室里所有的书和玩具都归置整齐，最爱的就是班里的那盒小蘑菇拼插玩具。她每次都要把所有的小蘑菇都插在插板上，如果有人弄乱了她的小蘑菇，她就会不依不饶，直到所有的小蘑菇都恢复到原来的位置。

校园里还有很多这样的自闭症孩子，这样的场景在学校里时时处处都在发生：午休时间，一声哭闹打破了寂静，小武情绪又不好了，拼命地用手捶着头，还用头往墙上撞，小脸憋得通红，眼泪也扑簌扑簌掉着；操场上，同学们正在分组玩跳圈的游戏，小贝突然冲过来，一巴掌狠狠地拍在了毫无防范的小邓老师的肚子上；课堂上，轩轩突然又趴在了地上，两只手做出游泳的姿势，两只脚也在地上乱蹬，好像在幻想自己是一只小鱼，在水里游来游去；教室里，浩浩用手不停地抓着自己的脸，白白净净的脸上顿时出现了几道血痕，孩子却一点儿也不觉得疼……每一个旁观者看在眼里，都疼在心里。

孩子们怎么了？如何才能走进他们那神秘的内心世界？如何才能去看看在那里都发生了什么？上天造人总是这样神奇，每个人都有属于自己的密码，自闭症患儿这一群体密码的特殊性，让我们难以窥探他们心底的秘密。或许，有一天我们破解了这些独特的密码，就能让他们走出自闭，走出孤独。

【相关链接】

一个孤独症患者的自白（译自影片《In My Language》）

你先前看到影片的部分，那是我自然的语言（母语），很多人假设一定要说"特别的讯息符号"，和被设计过能够为人类心智所解读的，才算是语言。

而我的语言并不是设计成字句，或是视觉上的符号来为人类解读，而是我身处的环境中已发生的，我的语言是反映围绕在我身处的物理环境中的。

有关影片中的"水"，并没有象征任何事物，我只是跟水互动，水也跟我互动，这些互动没有目的，这只是我"动"的方式。

围绕我的是什么，我便会持续反应，这就是我动的方式。

这些是描述我自己的世界，如果限制我的动，我就会有更多和周围的动。

人们主张要打开和这世界真实的互动。他们裁决我的存在、意识和属于我个人的部分，我是限制在一个很小的世界里，我显现出来的，是用我自然的方式来反映我的想法和事情。

我的看和感觉不同于标准的概念，甚至是不可想象的，有些人不考虑也不想这些，但是这样的方式和想法，在我个人而言，是权利。

不论如何，我一想到有些人像我一样（自闭症），我就会严肃起来，我觉得是我自己的语言。

如果我们学了你们的语言，我们就无法随着自己的想法和我们周遭的环境互动。当我用打字，用你们的语言，你们就设定，当作我在沟通，但我问东西、听东西、感觉东西、舔东西、看东西，你们就不觉得这是我必须做的事情。

我做这些对的事情，对人们来说是错的，你们就怀疑我所做的决定是错的，怀疑我是个真实的人。

我真的想知道在街上遇到多少人，如果你和我是陌生人，你不会相信我会写下这些。

我有我自己的方式，找到我非常有兴趣的事，而没有办法学习你们的语言，你们把它认为是缺陷，而你们却不知道我的语言，并认为这语言是不存在的。

在这结束的时候，我想让你们知道这不是你们可以视而不见的。

而是在自闭症人的脑海中非常强烈的宣言，他们与你们对于存在的价值是有很多不同想法的。

不论在这世界我们如何呈现，我们都是特别真实的人、有智力的人。

当在这个世界上，大家并没有考虑他们是一个人，那就更遑论他们是自然的情况，这样似乎判决了他们的死刑。

而且大家把这样的人，很难被描述解释的状况，当作是个"谜"和拼不完整的拼图，便把自闭症当作困扰，不相容，不与他人沟通。

我们不说标准的语言，但是我们有明显的自己的语言，却被忽视，这样的裁决是忽视了我"人权的可能"。

"小小蜗牛们"的学习与生活

有这样的一个群体，他们就像小小的蜗牛，走得很慢很慢。上帝可能觉得这个世界太匆忙了，于是创造了这群蜗牛。他们就是被称为智力发育迟缓的孩子们。

　　嘉嘉非常喜欢帮助别人。在班里，总是能看到他忙碌的身影。一会儿帮同学去倒水，一会儿又带能力稍差的同学去厕所，忙得不亦乐乎。但是在数学课上，却大不相同了。在复习钱币使用的那堂课上，老师带着同学们认识人民币的面值，很多同学因为在生活中就有这方面的经验，所以很快就学会了，可是嘉嘉却比别人慢了许多。当老师拿出一张 5 角钱问他的时候，他低着头，想了好半天，然后特别小声地说："5 元。"当时，班里的同学哄堂大笑。老师制止了同学们的笑声，而此时的嘉嘉，头低得更深了。于是老师赶忙提示嘉嘉仔细看好钱币上的字。看得出，嘉嘉非常紧张，把 5 角钱使劲捏在手里，大约过了 30 秒，才敢小声地回答："5……5……5 角。"这样的经历对于嘉嘉来说已经很常见了。放学时，如果老师要发明天要交的通知回执，其他同学可能只需要老师提醒两三遍，可是，老师却要对嘉嘉反复说上五六遍，直到嘉嘉都会不耐烦地说"知道了"。可即使这样，有几次嘉嘉还是会把交回执的事情忘得一干二净。就因为这样，所以班里的同学都会轮流在晚上打电话给他，提醒他要交的东西。

　　当然事情都是有两面性的，虽然记忆力不好给嘉嘉的学习和生活带来了一些影响，不过，也让他有了一个开朗活泼的性格。有一次，嘉嘉因为好朋友嘲笑他，就和好朋友吵了起来。之后，便哭着跑来告诉老师："明明欺负我……"老师看他哭得很伤心，很担心这件事情会影响他们之间的友谊。可是等老师下课后去解决这件事情的时候，嘉嘉早就和他的好朋友明明和好如初了。

而在嘉嘉的好朋友明明的身上却存在另外的问题。《母亲》这首歌是在母亲节排练节目必唱的一首歌，可是每次排练明明都会立刻泪如雨下，哭得非常伤心。老师询问他理由，他会小声说："这首歌让我伤心了，我心里非常难受，我特别不舒服。"明明总是无法控制自己的情绪。当他开心的时候，脸上总挂着灿烂的笑，然后逢人便问："我美吗？我漂亮吗？"或是很大声地说"我好幸福！太美好了！"如果是他生气了，便会撸起袖子，狠狠地说："我要爆发了！我的头快要炸了！我要把他打扁！我要保护地球！"与他情况相

同的还有一名叫辰辰的孩子。辰辰有一套不离手的"装备"：手套、塑料绳和帽子。这些"装备"是他为防止自己有自伤行为想出来的办法。有一次手工课上，因为老师交给他的任务有些难，他不会做，而且老师没有及时关注他，他便用力地挠伤了自己的头和脸。血顺着伤痕流了下来，而他一言不发，低着头，绑住自己的手，眼泪顺着脸庞淌了下来。

这些可爱的智障学生都存在或多或少的问题，但是他们都有着一颗纯洁无瑕的心。他们在用自己的方式努力学习着，生活着……然而，当一个家庭遭遇一个这样的特殊孩子，又该如何面对？

【相关链接】

智力发育迟缓释义

智力发育迟缓是指个体在发育阶段（通常指 18 岁以前），由生物学因素、心理社会因素等原因引起，以智力发育不全或受阻和社会适应困难为

主要特征的一组综合征。按照当前公认的美国智力缺陷学会所定的标准，智力落后按其严重程度可分为四等：①轻度智力落后，智商在 55 ～ 69；②中度智力落后，智商在 40 ～ 50；③重度智力落后，智商在 25 ～ 39；④极严重的智力落后，智商低于 25。

智力发育迟缓儿童的认知特征表现为：感知觉速度慢、容量小；记忆速度慢、记忆目的性差；语言发展水平低；思维长期停留在直观形象阶段，抽象概括水平低。个性特征表现为：意志薄弱，缺乏主动性，易受暗示，固执；高级情感发展缓慢，情绪不稳定且调节能力差；兴趣单一，稳定性差；自我观念消极等。

特殊家庭的辛酸与快乐

每一个孩子的诞生都承载着一个家庭无限的爱与希冀。在全家人满怀欣喜的期盼中，未来是多么光明，多么美好！十月孕育，一朝分娩，有过喜悦，有过欢欣，有过期盼，更有过对创造新生命的自豪和欢乐。然而，幸福快乐的日子却那么短暂，当孩子木讷的眼神、怪异的举止、不正常的发育状态慢慢显现，当薄薄的一纸诊断证明摆在眼前，家长们无助的眼神，绝望的心情，这如同灭顶的灾难让人如何面对……下面展现的，就是家长们真实的心路历程。

喜悦

娇儿出生，如刚刚升起的太阳，清亮似水、光芒万丈，藏蕴着人生的全部梦想。父母们——为儿兴奋为儿忙，心血浇灌着花朵，喜悦和忙碌托起了人生希望。孩子渐渐长大了、长胖了，但觉却越睡越少，忙碌的父母啊，多少疲惫、多少困倦在风尘仆仆的面容上徜徉……

疑惑和焦虑

孩子在快速地成长，而作为孩子的父母却有多少疑惑、多少问号才下眉头，又上心头。

孩子已半岁了——为什么他（她）还不会与人再见（手势）？为什么在抱起孩子时，他不会伸出手搂住你的脖子？为什么他只愿意自己玩，叫他他也不看你、不理你，缺少与父母的情感交流和对父母的依恋？为什么孩子入睡如此困难，好容易睡着了，刚刚凌晨两点就又醒了？

孩子都八个月了——为什么他还不会爬？

孩子快一岁或已经一岁多了——为什么他还不会说话？为什么孩子走起路来总是跌跌撞撞，跑起来更是步态不稳？

孩子都快两岁了，为什么他还不会数数？为什么孩子特偏食？为什么孩子特多动、又没有危险感？为什么孩子既不能按指令做事，也不会连续地模仿你的动作？为什么他整天就是嗑牙或旋转物体（身体），却不懂得与人交流？为什么我们养一个孩子要付出比人家多三倍的精力？……

由于孩子不懂得与人交流，"不听话"，又太多动，结果先是被幼儿园退回来，后被怀疑孩子耳聋，到处看医生，到处做检查，父母们的身心在极度的疲惫之后，情绪又被拖入了极度的疑虑和焦躁之中。

太多太多的特别，太多太多的疑问，弄得父母们好焦虑、好疲惫。

绝望

孩子已两岁了——还不会说话，不会与人沟通，无法服从指令，不懂得危险，无法了解冷、累、饿的意思，不会表达自己的感觉和要求，除了睡觉，整天跑来跑去、爬上跳下没有一刻的安静，动作刻板，行为怪异，叫他也不理你……问题实在太多太多。父母们在被孩子牵制得紧张、劳累、烦恼的同时，又到处求医问药，请神弄鬼，弄得身心进一步的焦虑和疲惫。有点儿结果的是医院的诊断："大脑发育不全"，或者是经过长久的探索，有的是1年、2年，有的是3年、4年，不甘心的父母们最终从医生那里诊断出孩子患的是"儿童孤独症"，一种全面发展障碍，一种无药可医，且相伴终生的疾病。

这些长期被劳累和焦虑折磨的父母们，终于有了这些疑问的答案，然而，这又是怎样的一个答案啊！"无药可治"！"相伴终生"！这无疑是给有病的孩子判了死刑！这些可怜的疲惫的父母们，刚刚从疑惑中解脱出来，就又一头栽进了绝望和痛苦的深渊，严重的痛苦感（多年付出的心血近无，使人顿感身心虚乏）、沉重的自卑感（我怎么就生不出一个好孩子？！我生了一个多么差的孩子！）、无力感（对孩子束手无策）使父母们失去了生活的勇气和力量！于是，多少个父亲在绝望和痛苦中变得麻木，"一生的负担"使他们忧伤满怀、步履沉重、华发早添！多少个母亲在绝望和灰心中陷入了忧郁而无力自拔，在精神的极度痛苦中，走上了绝路，选择了死亡。他们中有的人走上了楼顶；有的人走入了大海；有的人住进了精神病院；还有的人在一年之中所要选择的就是一件事：怎样去死，才可以保证母子二人都不痛苦？

绝望的现实使他们感到：生活在无休止的痛苦中，厄运像暗夜一样笼罩着人们的心灵，现实的生活实在是"人间地狱"。

痛苦

父母们在经历了人生最绝望的体验之后（也许也经历了人生最无奈和束手无策的放弃之后），对孩子的爱使他们绝大多数最终还是挺了过来，他们最终选择了坚持！他们忍受着深深的痛苦，开始了寻找能够帮助孩子的道路。

此时的父母们，之所以还深陷于痛苦之中而不能自拔，主要是因为他们被牢牢地困在以下三个陷阱之中。

陷阱 1："为了孩子，可以放弃一切。"父母们为了孩子，放弃了自己的事业和人生理想，其结果是面对孩子太缓慢的进步和康复无期，常怀着"好不了，怎么办？"的痛苦和无奈。

陷阱 2："为什么我这么倒霉，会有这么个孩子，他跟正常孩子相比，差得太多了"。孩子在外面时，若离开人群，陪伴的父母会因为孩子无小伙伴儿而有顾影自怜之感；若接近人群，不懂事的孩子又常常以怪异或莽撞的行为攻击或侵犯他人，因难以辩解他有病而常常招来愤怒和谴责声。每当此时父母们的尊严便被孩子从脸上一丝儿一丝儿地扒下来，直至扒得血流满面、痛彻心扉和无地自容。而当父母们在家里独自面对孩子时，一种强烈的悲惨感、无助感、自卑感和失败感又会袭上心头。在痛苦、害怕和无奈之中，父母们只好封闭自己和孩子，又常自怜自怨，不能释怀。

陷阱 3："我死后，孩子怎么办？"父母们常常自己怀"杞人忧天"之思，为自己无力回答和解决这些问题而忧心忡忡。

这三个陷阱，像孙悟空的紧箍咒一样，令父母们深陷于痛苦之中而不能自拔。而这三个陷阱的同一根源是父母们总是在无意识中把自己的孩子同正常的孩子作对比，而不肯面对现实、正视现实和承认现实。

接受现实

经历一个相对漫长的阶段，家长们逐渐开始接受孩子是一个"特殊儿童"的现实，这是一件非常不容易的事情。然后，这其中有的家长开始积极面对现实，努力寻找科学的康复训练；有的家长虽然继续怨天尤人，但迫于重重压力也不得不接受现实，痛苦地带着孩子参加各种各样的训练。慢慢的，家长们都认识到孩子只能通过训练逐步改善，而不能完全康复。

接受现实的过程是痛苦的，抽茧剥丝般的煎熬是每一位特殊儿童家长经历过的。家长们只有明白残疾人的发生是人类不可预测的可怕风险，不是家长的错，才能真正从心底接受自己的孩子，面对现实。

坚持

家长的心态在一点点改变，平和乐观的心态让家长们开始积极面对特殊儿童的训练、学习。很多家长甚至已经蜕变成一位特教专业的专家，坚持不懈的努力成为大多数家长的奋斗目标。一位自闭症家长这样写道："我们没有雄鹰的高翔，我们可以有小鸟的低飞；我们没有大树的挺拔，我们可以有小草的顽强；我们没有大海的宽广，我们可以有小溪的清澈；我们没有其他家庭的欢声笑语，我们依然可以有心灵与心灵的触碰成长。"是的，作为特殊儿童的父母，没有一条十全十美的路可走。总是免不了要做出取舍：有时候想离开一会儿，让脑子静一静；有时候又觉得由于专心满足一个孩子的要求而忽略了另一个家庭成员；有时候也会觉得自己好像无法胜任这项工作。这些都是很正常的，因为永远不可能面面俱到。而且真的也不必面面俱到，毕竟还没有人能做到这一点。

坚持，对于特殊儿童的意义是重大的，有了家长的坚持、教师的坚持、社会的坚持，才能帮助这些特殊儿童获得最大限度的改善和进步的空间，我们用生命的力量去化解生命的缺憾，变不可能为可能，给智障孩子创造一个无障碍的良好环境，让更多的人来关注、理解、支持特殊儿童。

【启示】

从最初的疑惑、焦虑，到绝望与痛苦，再到接受现实、用生命去坚持，这几乎是每个特殊家庭都要经历的心路历程。常人很难理解他们在这个过程中经历的煎熬，只有给他们提供更多的支持与帮助，才能让这些家庭更好地坚持，更好地去守护这群受了伤的小精灵。

折翼天使在人间

我们看到了这群自闭症和智力发育迟缓儿童的学习和生活，也看到了他们家庭的痛苦和无奈，这样的孩子在我国并不少见，同样也有千千万万的家庭生活在无尽的痛苦之中。

人类文明的进步是一把双刃剑，在提高人们生活质量的同时，却催生出的环境污染、食品安全卫生、高生存压力等问题，对人类的身心健康造成了很大的影响，由此产生的身心障碍也在向着程度更重、类型更广的方向发展。我国 2007 年第二次全国残疾人抽样调查显示，6 ~ 14 岁学龄期残疾儿童为 246 万人，占全部残疾人口的 2.96%，包括视力残疾、听力残疾、言语残疾、肢体残疾、智力残疾、精神残疾和多重残疾，其中智力残疾占学龄期残疾儿童的 28.8%。[1]这次抽样调查显示，中国儿童孤独症患病率为 1‰ ~ 2‰，且近年来中国儿童孤独症的发病率呈上升趋势。而在发达国家，孤独症也在广泛流行，特别是美国。美国疾病预防与控制中心公布了最新数据：在美国 2008 年前出生的儿童中自闭症的比例为 1/88，男女发病率比为 5:1。[2]

在当今社会，我们还不能控制残疾人口的发生率，总有约 5% 的人或早或晚摆脱不了残疾的怪圈。在以前，这一人群的受教育权利经常被忽视。1915 年 7 月民国政府的《国民学校令》就提出了残疾儿童的义务教育问题，但战乱之中的旧中国残疾儿童义务教育只能是一纸空文。1948 年全国共有 46 所特殊教育学校，在校生 2380 人；1985 年我国大陆有 375 所特殊教育学校，

---

[1]《第二次全国残疾人抽样调查主要数据公报》。国家统计局、第二次全国残疾人抽样调查领导小组。

[2] http://www.cdc.gov/Features/CountingAutism/

4万名在校生；1991年有886所特殊教育学校，近8.5万在校生。相对于这一庞大人群来说，仍没有足够的学校来接纳这些孩子。

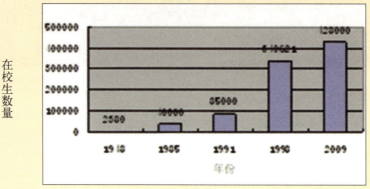

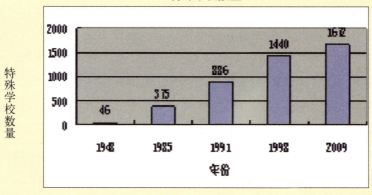

　　入学难、教育难的问题困扰着这一个个原本就已不幸的家庭。为了保障特殊儿童受教育的权利，我国出台了各种政策法规。《国家中长期教育改革和发展规划纲要 (2010 — 2020 年)》中规定，到 2020 年，基本实现市（地）和30 万人口以上、残疾儿童少年较多的县（市）都有一所特殊教育学校，为广大残疾儿童带去希望。到 2009 年，我国共有特殊教育学校 1672 所，在校生近 42.8 万人。[③]目前，北京市基本实现全市残疾儿童少年义务教育"零拒绝"，符合智力测试标准，以随班就读形式接受普通教育的残疾儿童达六成，重度

---

③教育部《2009 年全国教育事业发展统计公报》。

和多重残疾儿童少年以送教上门的形式保障其教育权利。

但是我们必须看到，在很多地区，有很多的残疾学生仍无法接受适合的教育，尤其是偏远山区。曾有人定义："教育是给无助的心灵带来希望，给稚嫩的双手带来力量，给弯曲的脊梁带来挺拔。"特殊孩子更需要这种希望、这种力量，他们需要教育来教会他们说话，改变他们的行为，让他们享受生活，快乐成长。

【启示】
特殊学生有迫切的受教育需求，尽管他们存在很多的障碍，但是他们有可教育、可训练的潜质，他们承载了太多家庭的希望。而目前中国的特殊教育仍处于初级阶段，在发展的深度及广度上都需要继续努力，特殊儿童的教育需要在期待着能真正得到满足。特殊教育，任重而道远。

/二/ 希望之火在这里点燃

被风雨摧残的嫩苗，除了雨露的滋养，还需要多一份扶持；折了翼的小鸟，除了阳光的照耀，还需要多一点儿呵护。这些来自遥远星球的孩子，想要健康成长，还要靠一片沃土，靠一批特殊的园丁。我们就是这片沃土，我们就是这群特殊的园丁。为他们打开教育之门的历程是那样的艰辛，但我们终将带领这群受伤的小精灵们，感受这里的阳光灿烂，五彩斑斓。

担重任，弥补生命缺憾

孕育

1983年年初，海淀区教委小教科视导员马廷慧陪同区教育局长孙凤池参加北京市残联特殊教育工作会，会上要求各区为智障儿童成立辅读班。当时，东城、西城两区不仅成立了辅读班，而且已经开始筹备建培智学校。会后，教委研究决定在南海淀小学开办海淀区第一个辅读班。当时，南海淀小学温校长挑选了刘济芬、李满等几位业务能力强、教学经验丰富的教师，组成特殊教育团队，努力、投入地开展工作。

为了尽快让智障学生享受特殊教育，老师们有针对性地进行了入户采访招生，共招收了11名轻度智障学生。那时，老师们没有任何特殊教育经验，不知该怎么教，只能降低普小教材难度，放慢教学速度，多使用教具、学具。通过这样的教学，孩子们在课堂上有所收获，引起了家长们强烈的反响，很多还没有入学的智障学生家长纷纷要求入学。海淀区行政区域较大，生源较多，且学生居住分散。为了方便智障学生就近入学，教委决定在海淀区的东南西北四个方位（南海淀小学、北太平庄小学、羊坊店小学、颐和园小学）同时开办辅读班。各校领导都非常重视辅读班的工作，委派一名教学副校长专门负责。这些校长具有教育学、心理学的基础，她们深入研究学生，不局限于普教的教育教学模式，在特教工作中有创新、有突破。到1986年，由于特殊教育发展的需要，全区的辅读班已经开办到16个班，多达200多名学生。

初建校园

1987 年 2 月，张进贤校长带领一名会计、一个工友、几名教师组成了临时筹备小组，带着南海淀小学的两个辅读班的 20 多名学生进驻万泉庄小学旧址。家长们自发成立了家委会，帮助学校解决困难。搬家时，老师、家长、学生齐动员，用手推车、自行车作为搬运工具，连学生自己都抱着学习用品加入搬家的行列中，走累了就歇会儿，浩浩荡荡的队伍穿过大街小巷，终于来到了盼望已久的属于自己的校园。

虽然与海淀图书馆共用一个院落，但是属于

我们的只有一间办公室、三间教室，而办公室里只有一个满是灰尘的学生课桌，教室内空空如也，墙壁破旧斑驳。只有教室，没有课桌椅，老师们无法正常开展教学工作，学生们后来使用的课桌椅都是从各个学校淘汰下来拼凑起来的，脏得无法使用。老师们在 2 月的寒冬里，赤着脚为学生们冲刷桌椅，以至于落下终身疾病，到现在还经常腿疼，需要靠针灸、按摩来缓解疼痛。建校时，学校的财务账面上只有三十几元钱，没有装修教室的经费，老师们就自发承担自己教室的装修任务；没有装修工人，老师们就动员自己的家属参加劳动；刮墙皮、粉刷墙壁、刷油漆……教室的墙面又高，面积又大，且正值炎热的 6 月，老师们任凭衣裳被汗水一次又一次打湿。

为了学校的进一步发展，马廷慧校长和朱如意老师到北京市四季青拉锁厂、党校、锁厂、财政部、西郊冷库等各个单位跑赞助。

在大家的共同努力下，1987 年 10 月 20 日，海淀培智中心学校终于成立了。尽管是"一间屋子半间炕"，它依然成为智障学生最温暖的港湾。

艰难中筑爱，风雨中坚守

当时，社会上有很多人不理解特教老师的工作，歧视这些智障学生，在学校开展活动的过程中设置了一些障碍。但是，老师们以自己的工作热情，积极创造各种机会培养学生，逐渐赢得了社会的认可。虽然老师们都是从普小抽调来的，没有特教专业知识，可他们有丰富的教育教学经验和扎实的教育学、心理学的理论基础，而且还利用业余时间积极参加北京师范大学和南京特师的进修活动。从 1988 年开始，这些老师就成为市教研组的主力，还有的成为了各科，如数学、语文、体育、常识、美术的教研组长，参与编写全国培智学校第一套教材、北京市弱智教材大纲，老师们撰写的教案也被收录到北京市弱智教育优秀教案集中。

当时，培智学校的老师特别羡慕普小先进的教学设备。班里有一位在中科院上班的家长，看到这种情况，就用自己得到的科研成果奖金为班里购买了两块磁力黑板。老师在讲数的认识的教学内容时缺乏教具，家长自发为每位学生制作了一个计数器。

六一儿童节，北京市在国际儿童活动中心为残疾孩子和家长举办了联欢活动，孩子在活动期间获得了一个小蛋糕，没有舍得吃，而是双手捧着拿回家，晚上让家长骑自行车带着自己送到老师家里，以感谢老师的辛勤教诲。

学生从家走失，老师在发着 39° 高烧的情况下，依然坚持半夜骑着自行车陪家长寻找学生，直到找到了孩子。

老师把全部心思都用在了学生身上，对家里的孩子照顾得少，家长对老师的孩子说："你应该原谅你的妈妈，你的妈妈把爱都给了我们的孩子，所以对你的爱就少了"。

在那样的艰苦环境中铸就的爱，就这样悄无声息地蔓延开来，传递给每一个有特殊需求的孩子。

三代特教人的奋斗史

20世纪80年代的爱与责任

她是一群特殊孩子的妈妈，她喜欢把所有学生都称作"我的孩子"。她，就是海淀区培智中心学校现任校长于文。她在人们面前永远是充满热情、快人快语、风风火火的样子。每当人们说她是专家时，她总是用一句"我不是什么专家，我就是一个老'弱智'"来回答。看似一个玩笑，但其中的滋味不是人们轻易能够体会，一个"老"字，代表着一种坚持，反映着满腔的热爱，标志着一段历程；一个"弱智"把淡泊名利、不畏讥讽、克服困难、艰苦创业的路程勾画在我们面前。

20世纪80年代初，普通教师的职业尚不能为人们所喜爱，更不用说教智障孩子的人了！从走进智障儿童那天起，就经常有轻视、嘲笑、不理解的态度出现在她面前，同时伴随着智障儿童呆滞的目光、精神障碍儿童狂躁的举止、情绪行为障碍儿童无休止的纠缠，但她从没有退缩。带着学生走在大街上，人们总是看一眼孩子再看一眼她，她总是把头抬得高高的，并大声招呼着学生。当听到"傻子"老师带"傻子"学生的话，她就更亲切地和学生在一起。

学生们自从有了年轻的老师，快乐的大队活动开展了起来。组建合唱队、排集体舞、建立团支部……小小的学校热闹起来了，智障学生也和其他学生一样有了丰富的校园生活。她又和几个年轻教师组织了北京市第一支智障学生的鼓乐队，他们的鼓乐声打出了智障孩子振奋的心声，也打开了智障教育的新局面。孩子们的生活丰富了，其间付出的努力只有于校长自己知道，所有的活动都要边学边教。不识乐谱的她，从老师那学来小号吹奏方法，死记硬背反复练习，自己学会了再指导学生；学生学习广播体操非常费劲，她就画出一个个分解动作，再一节一节教给学生；跑遍书店买来板报设计书，一张一张拓，一笔一笔描摹，画出每期的宣传板报。由于学校人手少，又没有专业教师，她就把所有的活动都承担起来：在怀孕四、五个月时还组织学校运动会，六、七个月又准备跳绳比赛，生产前一天下午还在寒风中出板报，由于活动量过大，不足月份的孩子早产死亡，并留下了终生不育的遗憾。当大夫看到记录中从怀孕到生产居然没检查过一次，都很惊讶，但她没有告诉大夫她没时间！遗憾无法弥补，青春仍然无悔。她说："我的青春岁月能够和海淀区智障教育共同发展，和这段历史紧密相连也是一种幸福，智障孩子更需要我的爱。"

常言道："无路难，开路更难。"20世纪80年代的特殊教育尚存在很多的空白，智障教育工作从一起步就面临着种种困难：无前人经验，无现成理论，无历史成果，无教材，无教师……在所有的空白下，有的却是难以理解，甚至误解。于文和她的同事们一起，面对着几间破旧的平房，面对着几十名儿童和家长，开始了学习和研究，学习专业理论（一切与智障教育有关的都学），学习国外先进经验。在那个年代，没有任何功名，没有任何物质追求，没有任何掌声，有的只是不屑与不解。是什么吸引着这代人在特教一线上执着地奋斗着？是对智障学生无私的爱，是对智障教育事业

的责任。教师们摒弃了太多物质的东西，把智障教育当成追求的事业、当成人生价值的体现。他们不断学习，在这一颗颗强烈的事业心的照耀下，海淀智障教育终于开始闪烁出耀眼光芒。他们要把医生不能给予孩子的希望重新点燃，他们要替上帝弥补缺憾。正是有了这代人的努力，才让"教育"这一名词属于了所有的生命。

海淀区培智中心学校校长于文，兼任中国教育学会特殊教育分会智障专业委员会主任委员、中国康复学会智障专业委员会副主任委员等职务，被评为2012"感动海淀"十大文明人物、全国残疾人康复工作先进个人、北京市特殊教育先进个人、海淀区优秀校长、海淀区魅力共产党员，获全国特教园丁奖、北京市"三八"红旗奖章等荣誉称号。

20世纪90年代的薪火相传

1995年，北京师范大学特教本科毕业的王红霞怀着对特教事业的赤诚之心，带着对未来教育对象的热爱与好奇之心，踏进了海淀区培智中心学校的大门。

当时的海淀培智中心学校已经搬进了万泉庄的新楼里，也增加了红蜻蜓等专门训练学生生活自理能力的教室、语音教室、多功能音乐教室、多媒体教室，一切都是崭新的。走进这所学校，她就被齐全的教学设备所折服，也更增添了她对特教事业的信心。然而，当校长带她走进四年级的教室，她脸上的微笑凝住了：脏乎乎的脸上那一双双呆滞的眼睛，发呆的表情，以及各种各样的怪笑声……"这就是我将来面对的学生吗？我能行吗？"她开始怀疑自己的能力。抱着试试看的心情，她接了这个班。

最初的工作让王红霞有些焦头烂额，应接不暇。课堂上这个跑了，那个跳了，这个哭了，那个尿了，基本的课堂秩序都保证不了，何谈教学啊。每天她都觉得是在和学生较量，一天的工作下来，总累得她声嘶力竭、头晕耳鸣、浑身无力，回到宿舍躺倒就能睡。她开始想"当老师太辛苦了，尤其是当特殊学校的老师更辛苦，真想一头睡死过去，再也不要醒来"。有好几次，她犹豫着走到校长室门口，想对校长说不干了，想一走了之，再换一个工作，再也不当老师，可她又不甘心，不甘心就此告别学了7年的特殊教育，她徘徊着。

而此时的海淀培智学校也在发生变化。建校初期，走进培智学校的学生一般都仅仅是学习上有一些困难。但是，从20世纪90年代学校招收第一例自闭症学生开始，学校的教

育对象就在发生变化。精神障碍、无语言、无沟通能力、残疾程度重、特殊行为多的学生越来越多。像王红霞班上的这种情况已经不是个例了。面对这样的教学对象，从教学内容到教学模式，学校都亟须进行调整和改变。

海淀培智学校开始走出去，收集国内外特殊教育先进理论与经验；请进来，不断探索和尝试适应这些特殊孩子的教学方法与手段。在这个"走出去，请进来"的过程中，包括王红霞在内的所有老师们都在不断成长。教学组织形式的研究、先进的个别化教育计划理念的引入、"以人为本"的教育理念的渗透、功能性课程标准的实施，这些新的教育技术与理念为海淀培智注入了源源不断的力量，也让海淀培智发生了深刻的变化。

王红霞也在实践着，她开始为学生制订个别化教育计划，她开始站在学生的角度去读懂孩子，分析每个学生出现现有状况的原因。理解了这些学生之后，她开始在学生现有能力的基础上来设计他们需要达到的目标。当面对目光呆滞、表情单一的孩子的时候，她不再无所适从了，因为她知道这样的孩子想要什么，明白如何吸引他们的注意力。当面对情绪不稳大喊大叫的孩子的时候，她不再束手无策了，因为她理解孩子出现问题的原因，知道如何去稳定他们的情绪。所有的海淀培智人都在实践着这些理念，学校也在一步步地发展变化着。

如今的王红霞已经成为海淀培智的副校长，一分耕耘，总会有一分收获。

21 世纪的磨剑与成长

进入 21 世纪，新校舍的迁入、新理念的冲击、新血液的注入，海淀培智也开始了新的发展。众多兄弟姐妹们一起感受着海淀培智每天的呼吸，一起和学校经历着、享受着从虫蛹蜕变成蝴蝶的有汗有泪却美丽异常的过程。每天都有难忘的事情发生，每天都那么值得回忆，每天都在踏着与海淀培智共成长的步伐执着前行。

2002 年，刘沙老师来到了海淀培智，到现在已经从教十多年。从一个刚刚迈出校门仅有一腔热诚的小姑娘，成长到现在能够坚定、自信地面对学生与家长，帮助他们解决困惑的专业教师。她依然记得"桃李满天下"的梦想被完完全全击碎的那一天，她依然记得前辈温暖笑容里面的坚定，让她决心与前辈们一起为了这些特殊的孩子坚持下去！

现在的刘沙是学校的一名音乐康复教师，在多年的课堂实践中，她发现普通小学的音乐教材内容并不十分适合这些特殊的学生。如何利用音乐课帮助这些学生稳定情绪、提高技能、增强情感交流等能力？如何做一个让学生接受并喜欢的音乐教师？这些一直都是她在岗位上追寻的方向。同时，学校也为她提供了良好的学习平台，"一起读书吧"、"青蓝共成长"、组内交流、校本教研、外出学习，使她迅速成长，体会了理论与实践相结合的重要性，总结与归纳的必要性，并逐步提升自身科研意识与专业能力。

在一次休闲活动中，刘沙为学生们播放了儿童舞蹈光盘，学生们似乎一下子就被吸引住了，有的甚至情不自禁地跟着模仿起来，眼神中充满了少有的羡慕和喜爱。在此之前她一直固执地认为对这样的学生进行舞蹈训练是一项极困难的事情。因为他们不懂得控制饮食，体重随着年龄的增长一增再增；他们的模仿仅限于极其简单的动作；他们的集体意识、指令意识极度缺乏，甚至目光表情呆滞，不会表达感情。而看到他们此时的表现，让刘沙不禁怦然一动，何不借此形式来改变学生们这些不恰当的行为呢？刘沙决定为学生们创造机会，挖掘他们更深层的潜能。或许真的应了"功夫不负有心人"的话，几十遍的修改，上百遍的练习，数月的编排有了成效，刘沙和学生们一起带着《快乐成长操》参加了央视主办的 2007 年春暖活动的节目录制，仅两遍就顺利地完成了任务。"春暖"结束了，可刘沙心中的"春暖"延续至今，这份温暖坚定了她做这份工作的信心和决心。她对自己说："不要害怕，不用彷徨，当'春暖'深入每个人的心中时，也许就在不久的将来，这些折翼的天使们也会有属于自己的一片天空。"

在海淀培智，像刘沙老师这样的年轻人很多，他们也都喜欢光鲜的衣着、时尚的发型，但是从选择了特教，走进海淀培智的那天起，就在用青春诠释着"为人师表"的含义。是什么在吸引着这群年轻人在为这些有残缺的生命默默奉献着青春？是每月200多元的特教费吗？不！当听到学生终于能说出人生的第一个字时，当看到学生们坐、立、站、行有规有矩时，当面对学生的微笑、感受他们紧紧抱着的体温时……是这些看似简单的点点滴滴在吸引着他们，是这些具有无限价值的点点滴滴在激励着他们。

"就这样，平凡而有意义地继续下去吧……"十年磨一剑，让我们共同成长！

【相关链接】

北京市海淀区培智中心学校简介

北京市海淀区培智中心学校创建于 1987 年 10 月 20 日，是海淀区教委所属的唯一一所对智障儿童进行义务教育、康复训练的公办学校。学校校园环境优美，教学设施先进，师资力量雄厚。建立了早期训练—义务教育—职业培训—辅助就业的智障教育体系，对学生进行科学评量，制订个别化教育计划，采用在校就读、送教上门、资源教室辅导等多种教育形式，让学生享受最优质的教育。学校致力于智障教育科学研究，成为国内著名的智障教育学校，全国特殊教育先进单位，是北京市外事接待的窗口学校。

一、海淀培智印象

走进海淀培智校园，"以人为本"的教育理念在每一个角落都体现得淋漓尽致：实景斑马线、红绿灯、交通指示牌等小设施折射出安全教育的大环境；青年生活训练营、Happy 餐厅、棋牌水吧、欢乐岛等场地展现生态化的教学环境；心理评估室、沙疗室、水疗室、感统室等专业训练教室为学生提供科学的测评结果和教育训练服务……眼前的一草一木，一花一景无不体现出重在育人、科学有效、和谐统一的人文教育思想。

二、办学思想

让智障学生享受优质的教育。多彩、现代、结构化的教室使智障学生多种感官参与教学、认知学习并使之成为快乐的活动；水疗室、沙疗室、模式房、多感觉律动教室、感觉统合训练室等现代化科学的康复训练室，使学生们在教学的同时得到科学的康复训练；沙盘室、评估室、催眠室、宣泄室等心理专业教室为孩子们提供专业化的心理治疗，使学生们的身心和谐发展；花园式的操场上同学们或嬉戏或比赛，尽情享受运动带来的快乐。

让特殊教师发展专业的技能。学校坚持"育人为目标、科研为载体、教学为中心、康复为基础"的办学宗旨，科学与专业、理论与实践相结合，培养一支高素质的专家型教师队伍。资源中心、精品课录室、海淀培智在线网站、心理咨询评估室、物理治疗室、水疗室、作业治疗室、沙盘治疗室等专业设施奠定了学校特殊教育科研的基础，也为国内外特殊教育专业人士的广泛学习、交流搭建了平台。

发展特殊教育
造福海淀人民

孙鹏
二〇一一年五月

让现代社会实现和谐的发展。蓬勃发展的海淀区培智中心学校已经成为北京市智障教育的窗口学校，得到了各级领导、特教专家、社会各界热心人士的密切关注与大力支持。学校先后获得国家特殊教育先进单位、北京市教育科研先进集体、北京市特殊教育先进集体、北京市模范集体、北京市扶残助学送教上门志愿服务先进单位、北京市残疾人康复先进单位、海淀区文明单位等多项荣誉称号。教师们的教科研成果及论文多次获得国家、市、区级奖励。学生们在各级各类比赛中屡获佳绩：在各级特奥比赛中获得奖牌百余枚，舞蹈、小品等节目在北京市艺术节比赛中获一等奖，多幅书画作品在全国特殊教育学校比赛中夺得大奖。

三、校训、校徽、校歌

校训：文明 勤奋 自强 自立

校徽：

学校校徽整体呈圆形，分上、下两部分。上半部分为"海燕"，下半部分是无垠的海面，象征着海燕不怕狂风，不怕巨浪，在蓝色天空和宽阔的海面之间搏击、呐喊，勇敢地翱翔。

　　智障学生由于自身障碍使其遭受很多的挫折，生活之路崎岖不平，在生活中，海淀培智的学生就像海燕那样，勇敢、坚强、敢于直面一切困难，最终成长为生活的强者！

　　校歌：

　　展望未来，任重而道远。学校将继续遵循"让智障孩子享受优质的教育，让特殊教师形成专业的技能，让社会实现和谐的发展"的办学思想，发挥专业优势，不断拓宽学校职能，全方位地服务于智障儿童，最终为他们能够真正融入社会打下坚实的基础！

　　我们相信，智障教育的明天会更加美好！

校址：北京市海淀区人民大学南路 6 号
邮编：100086
电话：010–62579388
传真：010–62579388
网址：海淀培智在线 http://www.happyonline.com.cn

第二章

让所有的学生享受优质的教育

張 重 喋 令
驀 上 喋 育
廣 從 小 公
通 言 吏 囮
風 孝 非 出

培智学生作品

校长心语

不管是什么类型的学校，特校也好，普校也好，我们的教育主体都是学生。"一切为了学生的明天"是学校发展的动力和源泉。

对于这群特殊的孩子来说，什么才是优质的教育？是让他们变成博学广知的人吗？是让他们取得非凡的成就吗？这些都不是特殊教育的最终目的。我们的目标是让学生能够适应这个社会，能自强、自立、有尊严地生活。

我们率先为每个学生制订个别化教育计划，不管是什么样的残疾，不管他的残疾程度多重，使每个孩子都能享受到适合他的教育；对于将要走向社会的孩子们，我们不断寻找适合他们的出路，让他们在走出校门的那一刻能自食其力；还有那些因为疾病不能到校上学的孩子，我们想方设法克服困难为他们实行"送教上门"，实现他们上学的愿望，家长对我说"我们都做不到，您为我们带来了信心"；对于那些有潜力的孩子，我们给他们提供各种各样的机会，帮他们寻找到属于他们的斑斓小天地……

所有的一切，都是为了让每个孩子都能享受到优质的特殊教育服务，让他们的生命依然能够绚烂多彩！

/一/ 尊重学生差异，满足学生需求

世界上没有完全相同的两片树叶，我们面对的特殊学生更是如此。他们有着不同的智力发展水平，他们拥有不同的认知加工方式，他们处于不同的年龄阶段……他们有太多的不同，这些不同构成我们教育教学实施的基础。基于学生差异，我们为学生设置适合他们的适应性课程，来满足他们不同的教育需求。

个别化教育，为这世间唯一的你

个别化，特殊教育的必然趋势

苏霍姆林斯基认为："没有也不可能有抽象的学生，每个孩子都是一个

世界——完全特殊的，独一无二的世界。"我们面对的多是精神障碍严重、无语言、无沟通能力、残疾程度重、特殊行为多的孩子，个体差异极大。课堂上，学生水平参差不齐。有的孩子具备一定的沟通能力，有的孩子唯一的发音就是哭闹，有的孩子能进行简单的加减运算，有的孩子连数字都不认得。每个特教教师都深深体会到，必须实施个别化的教育，才能适合每个孩子不同的能力水平。

记得有篇文章上说，一个女孩称他的智障哥哥为"天使"。是啊，我们

的智障孩子，不就是坠落
到凡间、不谙世事的天使
吗？只是，他们在坠落人
世的一瞬间，失去了圣洁
的翅膀，失去了美丽的声
音、失去了灵动的表情，
甚至失去了健康自如的身
体……他们甚至都不像是
个天使了……

　　他们有的会毫无征兆
地癫痫发作、全身痉挛、面部无法控制地扭曲抽搐；有的会莫名其妙地情绪
失控，抓、咬、踢、撞、吐口水无所不用其极；有的会兴致勃勃地边朝你笑，
边晃晃悠悠地把口水一通乱抹；更多的，无论你费尽多少口舌，想尽多少办
法仍然不能理解"2 个 10 组成 20"的道理……

　　这样的一群孩子，除了逐一理解他们，根据他们的"不同"来寻找教育
的切入点，除了"个别化"的教育和帮助他们以外，还有别的更好的方法吗？
于是，老师们尝试逐一走进他们的世界，理解他们的"语言"。这样"逐一"
地理解与交流，使老师们与每位孩子都建立起非同一般的师生感情。

　　老师们一定都忘不了，语言障碍的他 / 她含糊不清的一句"老师好"，颤
颤巍巍地做出的一个新动作；忘不了，脑瘫的他 / 她终于满头大汗地夹起的
一个糖豆；忘不了，发育迟缓的他 / 她在本上歪歪扭扭地写下第一个"口"字；
忘不了，情绪障碍的他 / 她羞涩地说出"老师对不起"；更加忘不了，自闭症
的他 / 她，在操场上一字一顿地说出："我特别喜欢您"……

【启示】

　　正是看到了他们的"不同"，懂得了他们都是独一无二的个体，才能
为他们制订出适合他们自身的学习计划，才能让他们取得一个个微小的
进步。"每一个"天使都需要我们这些凡人的切身守护。个别化教育，成
为特殊教育的必然发展趋势。

个别化，爱与专业的体现

童童是一个自闭症小男孩，圆头圆脑长得非常可爱。可是当他发起脾气来，就像从天使一下变成了魔鬼一般。他会突然哭闹不止，咬手、撞墙、晃桌椅，他会一边歇斯底里地高声嚷叫一边横冲直撞，似乎要把一切阻碍他的东西摧毁。他甩门而出时，能把门框撞歪。所有人看到都会躲得远远的……

面对这样一个颇具破坏力的孩子，班主任曹燕老师并没有退缩，而是战战兢兢地走近他，理解他。慢慢的，曹老师发现他是一个对环境极为敏感、不允许周围事物有丝毫变化的孩子，只不过表达的方式与众不同。

于是曹老师严格控制周围的环境，避免引发他不良情绪的负面诱因的出现，并为他提供丰富的视觉提示，为他制作可以活动的课表，以应对偶尔的换课、调课。她还制作了许多帮助自身反省的提示使童童理解规则，既以清晰的符号提醒他对与错，又给他一定的自由空间，使他不会太过紧张。另外，当察觉到他有一丝反常，有可能要爆发时，曹老师便及时用语言安抚他，教他用转换环境的方法疏导情绪，并以身示范向他解释、教他自我控制。

童童对身边的许多事物存在莫名的恐惧和焦虑感，有时也因对老师的意图和安排不能完全理解而产生抵触。因此在参加一项活动之前，让他站在旁观者的角度上来观察同学们的表现和结果也是非常有必要的，因此，曹老师经常使用同伴学习的方法帮助他适应。

除此之外，曹老师还采用了音乐治疗、行为矫正等手段帮助他减轻焦虑，建立良好课堂常规。现在的童童，依旧喜欢摇晃身体哼唱着小歌儿，但是脸上更多的是放松的快乐。他成了我们大家的开心果，曹老师也成了他最喜欢的老师！

【启示】

对于情绪障碍和自闭症儿童来说，他们常因为对外界的不理解和表达不畅引发隔阂。毫无疑问，如果我们因为孩子们表现出的不友善的行为而疏远他们，我们就无法理解他们的行为与想法。正是怀着对每个特殊儿童的爱，怀有对每位儿童专业的理解，才能更好地教育他们。而这便是"个别化"的起点与真正含义。

个别化，源于对孩子的尊重和期望

豆豆是一名自闭症儿童，本就与"善解人意、友善亲切"等词绝缘，他又是一名智能相对较高的"高功能"自闭症，记忆力、逻辑思维能力远高过班里其他孩子，他还有一位身为大学教授的父亲早已教给他更高深的知识……初见豆豆，总觉得他比别的孩子"成熟"。不光是因为他的个子远远超过其他三年级的学生，更因为他总是一副"高高在上、藐视众同学"的态度。事实上，他连老师也似乎并不放在眼里。

但是他的注意力、理解力、生活能力等方面又确实存在难以弥补的障碍，所以课堂上给他布置的学习任务他总是认为难度太低却又基本不能切实完成。另外，他在人际交往方面的障碍和自我控制力的缺失，使他在遵守纪律方面也是——对要求不以为然，但又达不到遵守纪律要求。

尤其当家长频频反映他在小区里怎样不顾大人的劝阻执意去摸配电箱，放学路上怎样和家长顶撞，甚至大打出手；课上怎样不参加活动而私自到外面游荡；午休时又总是迟迟不愿意回教室，而去抠教学楼电梯的门……这样的孩子，让人觉得既可惜又着急，更可惜的是本来较高的智能不能在生活和学习中适当地表现出来，以达到认知和生活中较高的能力水平。着急的是无论我们怎样强调，他仍然一意孤行执着地想尝试这些危险和错误。

看着他圆圆的脸和清透的眼睛，那样稚嫩和可爱，可他的表情里却总隐含着不屑和叛逆。曹燕老师想，改变他一定要从肯定他做起，要从可控的地方做起。于是曹老师换了一个思路，不再强调他的问题，而是考虑他的潜力，忽略他的不屑和勉强，只是满怀希望地"请他帮忙"。

请豆豆帮的第一个忙是整理学具棒。每套学具棒有红、黄、绿三色共计54根，每种颜色的学具棒又分为光滑、有凸起、有凹洞的三类。每次给孩子们操作完这些学具棒，数量总是多多少少，光把它们整理出来就要耗费老师大量的时间。而且这项任务看似简单，却要求整理者具有持续的注意力、初步的计数能力、较有条理的思维能力……豆豆的思维能力是优势，但在平常的课堂活动中却很难集中注意力，这个活动正好可以用来发挥豆豆的特长、训练他的弱点。

第一次整理，豆豆在老师的不断提问和提醒下"艰难"完成了。当他把一整套不多不少 54 根的学具棒整齐地封在小袋子里后，曹燕老师看到豆豆兴奋而坚定地看着她的眼睛，没有一丝不屑和飘忽不定。曹老师虽然只鼓励了一句"加油"，但他的眼神里却充满成就感和满足感。随后，豆豆和老师又利用一个中午的时间把所有的学具棒都整理一遍，并且约定以后每周四的中午就是整理学具的时间。

就这样，周四中午的他从一名"自由人"变为了一名"职业者"。为了能按时完成任务，午休刚开始他便立刻开始工作，为了不计错数量，他自己选择了远离其他同学的角落。而以前重复无数次的"午休要快回教室，要安静，不要自己跑出去看电梯……"这些要求再也没有出现在老师的口中，而他也再不犯这样的错误。

后来根据他的情况，老师又请他在课间帮忙送取材料、传达事情、清理教室用品……有时独立完成，有时需要支持，每次完成任务回来，他都会带着那种兴奋和满足感。为了使效果更持久，老师还在班级里实施代币制的奖励机制，进一步巩固其工作责任感和踏实的工作态度。他的空闲时间几乎被大家一个一个帮忙的请求给占满了，他却并不在意，红光满面地四处奔波。出乎意料的是，他的妈妈也反映说他"更有眼力劲儿、会关心人了"。曹燕老师一直想对豆豆说一句话：我只想要你"帮一个忙"，你却给了我一个全新的你！

【启 示】

每个人都需要证明自己的价值。即使智障儿童，没有过人的聪明，没有灵敏的思维，却也渴望成为有价值的人。智障教育工作者，应把着眼点落在他能做什么上，更多地考虑怎样实现智障儿童自身的价值。相信这样的预期一定会带给智障儿童更多成长的动力和火花。

个别化，使集体生活与教育融为一体

海淀培智学校的"庞大"几乎人尽皆知，班容量之大，连特教专家肖非教授都曾声称"要与你们于校长谈谈"……这样的大校、大班，加之学生残障程度越来越重，即使在教育教学上都不作要求，而只保证每位学生的人身安全也实属不易。在这种条件下，老师们怎样保证个别化？其中付出的艰辛

和心血只有老师们自己才知道。

　　虽然从年龄上来看，三年级是低年级中最大的，但从学生的障碍程度和能力水平来说，他们却基本属于最低的。班里共有 14 名学生，自闭症儿童有 8 名，超过半数，其余 6 名有各种原因导致的智力障碍。从智力水平来看，他们都属于中重度智力障碍。这样的一群孩子在一起总是热热闹闹，甚至乱乱哄哄……智力水平高的孩子（自闭症）没有纪律，有一定规则感的孩子（智障）能力实在有限……

　　面对这样综合能力低下的学生，以前的说教、带动这些方法效果都十分有限，学生的思想道德水平很难达到普通孩子的水平。于是曹燕老师把教育重点做了一些调整，调整为养成学生良好的行为习惯、建立良好的行为模式、融入社会生活、遵守社会规则等。针对学生的智力和年龄特点，曹老师考虑到以丰富的活动作为塑造和教育的载体。

活动促进常规形成

　　在课间，班里常见到学生们的这种状况：有的拿着残缺的玩具鼓弄，有的在老师面前晃来晃去，有的歪坐在座位上发呆……上课了，还有学生在门口犹犹豫豫，有的学生刚想起来要去厕所，有的把玩具随手一扔……饭后，学生的餐盒还没收，有的就已经冲出教室和同学打闹起来。待高年级同学把教室打扫干净，孩子们再陆陆续续拿着自己的枕头被子进屋午休。午休时，有的手拿玩具不舍得放下，有的与旁边的同学逗来逗去……而午休结束时却有学生迷迷糊糊刚刚睡着，叫都叫不醒……

面对这种状况，曹老师首先想到要用活动充实他们的课间和午休生活。她为程序感差的学生制作了课间和午休时的任务单，逐一追踪培养他们按照任务单完成任务。

每天，她都有重点地辅导一两名学生，待学生习惯了，再去辅导其他学生。就这样通过一天一天的辅导，学生们逐渐清楚了老师的要求。随后，曹燕为了提高他们的自觉性和自主意识，不再逐一紧盯，而是设立奖励机制，只要按要求完成了任务，便可以获得代币。

通过简单的活动安排，班级的学生们逐渐稳定下来，闲散的时间减少了，自然打闹和无所事事的现象越来越少。在这个过程中，孩子们也越来越了解老师的要求和方法，不再逃避这些任务了。

活动帮助能力养成

通过前期的培养，学生基本具备了在空闲时间先按照任务单完成任务的意识，班级初步建立了秩序。随后，曹老师发现，学生虽然具备了这些意识，但完成任务时的方法和效果还很低。

为此曹老师一方面在生活适应课上教学生自理技能，另一方面继续在生活中一贯要求，使他们完成课间任务的效果得到提升。

同时，她发现了班里的一部分学生还有更高的能力，老师便有意识地多为其安排额外的工作：上操时携带班级器材，帮助老师递送文件，为班内的绿植浇水……

为了让班级学生的劳动技能也有所加强，曹老师配合班级的《我的值日岗》单元教学，为每位学生安排了适合他们能力的劳动任务，并且明确要求班内的生活阿姨辅导他们完成，而不是包办代替。在这个过程中，学生的劳动也从被动发展到主动，从不会发展到熟练。

活动增进生生互动

班内大部分都是自闭症儿童，其特殊性造成班内学生间互动较少，互相关注也少。为此，曹老师为班内症状轻的自闭症儿童安排各种各样的任务：发教具、收作业、统计人数等。同时利用他们视觉能力较强、并且具备一定认知能力的特点，促进他们关注班内的其他同学。

在进行"文明礼貌用语"方面的教育时，曹老师安排自闭症儿童作为班级的"小小值周生"，每天早晨，孩子站在教室门口，用自己的微笑迎接每位进班的老师和同学，礼貌地与每个人问好，并且记录他们的到校时间。通过每天的养成，自闭症儿童不仅形成了良好的礼貌习惯，更增进了与班级内的学生们的互动。

活动带动心理品质形成

智障儿童的思维能力有限，加之生活经验缺乏，其主观体验单一而不深刻，更不要提更高级的"心理品质"了。但长期在生活和学习中遭遇的挫折，使班内大部分学生都有强烈的畏难情绪，自信心和主动性明显不足。

在这个问题上，曹老师同样分了几个步骤：首先在日常活动中尽量为他们创造机会体验成功。随后人为地增加任务的难度，引导学生通过思考或尝试自己解决问题。最后放手放心地为他们布置更多更灵活的任务。

通过这样的分步实施，班里已经初步产生了几个小骨干。这些小骨干不仅在能力上有所提升，更在精神上和心理上获得了更大的进步——更加自信、更加认真！

有效支持使活动成为现实

"支持"作为一个专业术语，在特殊教育中的定义是："支持是指一些资源与策略，可以帮助一个人（不论残障与否），从整合的生活、学习和工作环境中获得机会、资源、信息和关系。"自2002年的新版智力障碍的定义出台以来，它一直为全球特殊教育工作者及特殊人士和家庭所瞩目。它不仅代表着一项针对残疾人士的策略，更代表着一种如何看待特殊人士的思维方式。

在班级管理中，曹老师也转换视角，从积极和支持的角度来看待他们。例如，班里的自闭症儿童袁某，从以往的视角来看，他刻板、缺乏自制力、语言表达能力差、注意力不集中、易受干扰……并且，这些问题都是他自身特质造成的，几乎不可能通过教育有本质性的改变。而这些特质决定了他不可能独立、完整地完成一项有意义的工作任务。从支持的角度来看，老师们找到了他的能力和未来的希望……他对装订、整理一类的工作和物品十分痴迷，老师们可以在提供任务单和视觉提示等支持手段的基础上，让他做此类工作，同时将整个过程程序化，保证他操作的完整性和准确性。为此，班里学生们的作业从打印到装订再到发放，都可以交给袁某来完成。

通过这些活动，班级越来越稳定，学生能力也越来越多地显现出来。

【启示】

智障儿童和自闭症儿童固然有他们自身的障碍和问题，但教育者要更理性、客观而积极地看待他们。透过他们的不能，看到他们的能。而教育的方法，也不应只局限在讲道理和简单的行为矫正上，而是采用一些具有功能性适合学生能力的活动。通过精心设计的活动促进学生的参与、稳定学生的常规，促进学生的能力，带动形成更高级的心理品质。

【相关链接】

个别化教育计划的由来及在海淀培智的实践探索

为了使所有的儿童都获得免费、适当的公立教育，美国国会于1975年颁布了《所有残疾儿童教育法》，要求特殊教育必须遵循六条基本原则，即零拒绝、非歧视性评估、个别化教育计划、正当程序、最少受限制环境以及家长参与。"个别化教育计划"首次出现在美国法律中。个别化教育计划（简称IEP）指的是根据每一个残疾儿童的身心特点和教育需要制订的有助于个体最大限度发展的教育方案。30多年来，随着该法令的推广实施，制订个别化教育计划已成为残疾儿童教育教学的一个重要的环节。

海淀培智自1996年以来开始进行个别化教育计划的实践探索，收集国内外相关文献和理论文章学习研讨，从教育理念上更新老师们的教育观念，制定适合北京市海淀区区域情况的个别化教育目标。1998年9月，全校一年级至九年级进行课程改革，选用了《台湾双溪发展性课程》，按照特殊教育的科学方法对全体学生评估，制订个别教育计划，真正实现特殊教育"以人为本"的教育理念。1998年12月，邀请我国台湾的特教专家方武、李宝珍老师为全体教师进行特殊教育专业技术培训，学习制订个别教育计划的技术。

1999年3月份开始，当时任教学主任的于文开始带领大家为每位学生制订个别化教育计划，成为全国第一家为学生进行个性化评量计划并实施教学的学校。具体做法为：为每个学生编制了《海淀培智中心学校学生评价手册》。评价手册中包括：学生自然情况调查表、身体发育情况调查表、家长教育子女情况调查表、学生家庭教育文化人际关系环境调查表、个别教育计划表、长期目标、短期目标、教育教学评语和智障学生个别化教育评估表等。

个别化教育计划示例（简略版）

<table>
<tr><td colspan="9" align="center">一、基本资料</td></tr>
<tr><td>儿童姓名</td><td>康某</td><td>性别</td><td>男</td><td>出生日期</td><td colspan="2">1999 年○月○日</td><td>出生地</td><td>北京</td></tr>
<tr><td>家庭住址</td><td colspan="6">海淀区 ○○○○○○小区○号楼</td><td>邮政编码</td><td>100088</td></tr>
<tr><td>父亲姓名</td><td colspan="2">康某</td><td>职业</td><td colspan="2">联系电话</td><td>自由职业</td><td colspan="2">13*********</td></tr>
<tr><td>母亲姓名</td><td colspan="2">贾某</td><td>职业</td><td colspan="2">家庭主妇</td><td>联系电话</td><td colspan="2">13*********</td></tr>
<tr><td>主要监护人</td><td colspan="2">贾某</td><td>职业</td><td colspan="2">家庭主妇</td><td>联系电话</td><td colspan="2">13*********</td></tr>
<tr><td>就读学校</td><td colspan="3">海淀区培智中心学校</td><td colspan="2">六年级</td><td>班主任</td><td colspan="2">米洁</td></tr>
</table>

二、家庭生活及学习环境

主要家庭成员及文化程度	✓大学以上 □初高中 □初中以下	□大学以上 ✓初高中 □初中以下	□大学以上 □初高中 □初中以下	□大学以上 □初高中 □初中以下	□大学以上 □初高中 □初中以下	□大学以上 □初高中 □初中以下	□大学以上 □初高中 □初中以下	□大学以上 □初高中 □初中以下

居住条件	✓与父母住一屋　　　□有独立寝室　　　□有起居室 ✓有独立客厅　　　✓有阳台 ✓有独立餐厅　　　✓有学习空间　　　✓有自己的活动空间
居住环境	住房类型：　□平房　　✓楼房第六层　　　□其他_____ 居住小环境：✓绿地　　□休闲地　□临街　　□其他_____ 居住大环境：□市区　　✓城郊　□农村　　□其他_____
社区环境	绿化：　小区整体绿化完善　　　健身设施：　小区健身设备 医疗：　小区内有社区卫生站　　　超市：　一大型综合超市（步行15分钟） 其他：　银行、公交站等都很便利
家长教养态度	当孩子出现以下情况时家长用什么方法： 孩子发脾气时　　教育批评　　　孩子愿望达不到时　　耐心讲解 孩子不主动做家务时　　正面引导　　　孩子不听大人话时　　说服引导 孩子说谎时　　　严厉批评　　　孩子与他人有矛盾时　　批评自己孩子
邻里关系	□熟悉　　✓不熟悉 □友好　　✓一般　　□不友好 必要时　□可以得到帮助　　✓不易得到帮助　　□无法得到帮助

学习（班级）环境

班级气氛	该生所在班级是特殊学校的六年级，共有学生15人，由于班级内孤独症学生较多，班级整体秩序略显浮躁，学生基本能遵守学校纪律及班级日常行为规范，基本独立完成教学活动。同伴间能在教师带领下做到团结友爱、相互帮助，有初步的集体意识，知道自己是班级中的一员，自主为班级服务。教室宽敞明亮，颜色柔和，空间按功能划分：学习区、游戏区、生活区、放松区等几个区域，充分调动了学生的兴趣。壁报内容与教学紧密联系，适合特殊儿童发展需要

人际关系	该生与老师、同学关系融洽，对待他人有礼貌，服从管理，能主动与他人交谈自己感兴趣的事情，愿意并主动完成老师交给的任务，能在教师提醒下帮助其他同学。不能主动参与同学间的游戏活动，有一定的自言自语现象				

三、身心健康情况

身体健康	一般病史	癫痫			
良好	特殊情况	癫痫（幼儿园时发病后一直服药，四年级在医生建议下逐步减少药剂，现已停药）			
	服药情况	无			
	特殊服务需求	1. 加强语言能力训练——语言理解与表达 2. 加强艺术技能训练——绘画、书法			
个性心理特征	学习动机	□求知欲较低，对学习兴趣不高 ✓有一定求知欲，依赖性强 □学习愿望不强烈，受情绪影响 □求知欲较高，能积极参与教学活动	学习品质	□放弃回避学习中的困难、挫折 ✓辅助下能面对、克服困难 □在陪伴下能克服困难 □能独立克服困难，正确面对挫折	
	学习习惯	□丢三落四、无规矩，不能完成作业 □有一些学习习惯，但欠系统 ✓有一定的学习习惯，但潦草、正确率低 □有良好的学习习惯，能预习和复习	学习参与	□不当众说话，提问也不回应 ✓能被动回答老师的问题 □能主动举手发言和参与小组讨论 □有课上积极发言，喜欢参加各种活动。	
	注意状态	□不能静坐，不会等候 ✓对感兴趣的学习内容有短暂注意 □上课时大部分时间能注意听讲 □能够专注地学完一节课	表达能力	□发音口齿不清，表达能力较差 ✓有一定表达能力但欠完整 □能够表达完成的意思。 □表达能力较强，能与他人进行沟通	
	认知能力	□能在提示下理解直观、形象事物 ✓只能理解直观、形象事物 □有一定抽象概括能力和综合能力 □有与普通学生相同的认知能力	交往能力	✓不能适应班级生活，与同学无交流 □能与个别同学比较自如地交往 □愿意与他人接触，参与活动 □与同学、老师交往自如，没有明显困难	
特殊行为观察	1. 在情绪低落或兴奋时喜欢不停咬自己的衣袖（每天2～3次，经提示后能改正） 2. 饮食习惯上喜欢吃肉类食物，对蔬菜排斥，在家中不能容忍蔬菜摆放在自己面前，咀嚼到蔬菜碎粒曾出现严重的干呕现象，现略有好转，能勉强吃下一些				

四、学习情况	
过去学习经历	曾在普通幼儿园就读后，参加过一年学前康复训练，2006 年 9 月进入海淀培智中心学校学习
现在学习情况	就读于海淀培智中心学校六年级。学生语言能力较好，能用简单的完整句表达需要和回答问题。认知能力较强，能认读生活中的常见汉字，理解其基本意思，仿写句子并简单利用工具书如字典。数学能独立完成百以内加减法及表内乘除法。但注意力较差，在课堂上需要教师随时关注。该生喜欢音乐（乐感较好经常作为班级主唱表演节目）、美术（仿画能力较强，作品曾获海淀区二等奖）、计算机（可独立打字、上网玩游戏等）
五、智力／社会适应能力测验结果摘要	
智力测验	北医六院智测总分：50，诊断证明上没有其他文字描述
适应能力测验	儿童适应行为量表：第一部分 6 个项目，其中动作发展 15 分，语言发展 24 分，生活自理 33 分，居家与工作 23 分，自我管理 6 分，社会化 9 分，第二部分包括攻击行为、反社会行为、对抗行为、不可信赖行为、退缩、刻板与自伤行为、不适当人际交往方式、不良说话习惯、不良口腔习惯、多动、情绪不稳定、服用药物的情况共计 15 分
六、其他测评	
无	
七、个人学习风格	

优势学习渠道：擅长视觉、听觉、触觉等多重感官综合参与学习。对于生活中经常能够见到、听到、摸到和用到的东西及相关知识的理解和接受较快，在学习的过程中适合动手操作等体验式教学法，在授课形式方面由于学生注意力不集中所以不适合单纯讲授，基于学生的爱好需要借助电脑课件，在丰富的感官刺激下进行学习
学习偏好：由于孤独症的特点，学生对于刻板记忆的知识掌握牢固。学生对音乐、图画、计算机兴趣浓厚

八、综合分析	
障碍类型	孤独症
障碍影响	认知方面：注意时间短暂，认知、抽象思维能力均明显低于同龄儿童。语言方面：语言理解能力低，不能说完整的句子，但能基本表达自己的意思，沟通时主动语言少且缺少与他人的目光对视。生活自理方面：能进行基本的日常起居及个人卫生方面的处理，但缺乏主动性。社会适应方面：安全意识薄弱，不懂得危险，自我保护能力差，社会意识贫乏

学习优势	学习环境优势：父母教养较为溺爱，主要是母亲指导该生学习，同时能坚持配合教师进行家庭训练。家庭环境较好，有独立的学习空间，利于安静学习。社区设备齐全，知识有应用的场地。所在班级氛围热情友好，同学关系融洽，更加有利于学生的学习和知识的掌握 个体学习优势：该生为孤独症儿童，与班级中其他学生相比记忆能力强，情绪行为问题均不严重，课堂上能够配合教师的要求，较好地遵守各种行为规范，较高质量地完成各种学习任务。性格温和，喜欢给老师帮忙和为班级服务，能够自觉完成各项任务。兴趣爱好广泛，音乐、美术、计算机等各领域知识都喜欢学习，能积极参与各种校内外社会实践和活动。喜欢观察思考，能回答简单的问题，在老师的提示下维持课堂注意力，能参与各种教学活动
发展潜力	学生情绪稳定，可进行深层次的认知学习，根据学生兴趣适当发展艺术潜能

九、教育重点（根据《培智学校义务教育课程标准》18个次领域的项目来确定教育重点）

智能发展	1.1.3 运动技能　　　1.4.2 语用能力 1.5.8 生活中的数学　　1.6.2 需求表达
社会适应	2.1.3 情绪调节　　2.2.3 交往礼仪　　2.5.2 居家安全
生活实践	3.1.2 居家生活　　3.2.3 心理健康　　3.4.2 计算机应用

十、教育安置与对策建议

教育安置：全日制特殊教育学校班级学习
对策建议：辅助训练——艺术治疗（书画训练）

十一、家长期望和建议

孩子在培智学校学习综合的知识，逐步发展，平稳度过青春期，长大后能独立生活，适应社会
建议：希望学校搭建平台，给孩子多展示、多参与的机会

十二、分析人员签名，注明所承担的教育任务

主持人：米洁（班主任、语文、信息技术教学）
成员：杜丽平（班主任、数学、综合实践教学）、张雪冬（运动康复教学）、贾静（学生家长、家庭辅导）

个别化教学目标表

2.1 长期目标

编　号	目　标　内　容	目标评估	
		首次评估	末次评估
1.1.3.2	能有足够的肌耐力以完成活动	1	3
1.4.2.6	能用适当的语音、语速和语调进行表达	1	3
1.4.2.7	能与人维持交谈	1	3
1.5.8.5	能有模糊的时间概念	1	2
1.5.8.6	能理解时间与生活的联系	0	2
1.5.8.7	能估计活动持续时间	0	3
1.5.8.8	能有倒计时的能力	1	3
1.5.8.9	能依据作息时间表／日程表记事、做事	0	3
1.6.2.2	能恰当地表述自己的心理需求	0	1
2.2.3.2	能表现礼貌的行为	1	3
2.5.2.1	能了解居家安全的常识	0	2
3.1.2.6	能掌握家用电器的使用方法	0	2
3.1.2.7	能掌握烹调食物的简单技法	0	2
3.2.3.1	能正确接受他人的评价，听到批评不烦躁	0	2
3.2.3.2	能初步学会表达不愉快的情绪	0	2
3.4.2.3	能用计算机进行文档的处理、编辑、保存	1	3
3.4.2.7	能用计算机进行游戏和娱乐	1	3

2.2 短期教学目标

长期目标编号	长期目标内容
1.1.3.2	能有足够的肌耐力以完成活动
短期目标建议：跟随视频持续做瑜伽动作10分钟、跟随示范持续跳健美操10分钟	
1.4.2.6	能用适当的语音、语速和语调进行表达
短期目标建议：控制音量、控制语速	
1.5.8.5	能有模糊的时间概念
短期目标建议：理解"一会儿"、理解"几分钟后"	

1.5.8.6	能理解时间与生活的联系
短期目标建议：依据时间做事情、根据时间选择电视节目、在规定时间内完成任务	
1.5.8.7	能估计活动持续时间
短期目标建议：理解剩余时间、计算活动时间	
1.5.8.8	能有倒计时的能力
短期目标建议：在活动中倒数、在听到倒计时口令后开始活动	
1.5.8.9	能依据作息时间表／日程表记事、做事
短期目标建议：依照作息时间表活动、独立设计周末作息时间表	
1.6.2.2	能恰当地表述自己的心理需求
短期目标建议：用语言、动作表达高兴、用语言、动作表达关心他人、能用语言、动作表达伤心	
2.2.3.2	能表现礼貌的行为
短期目标建议：不抢食他人食物、不在公共场所整理服装	
2.1.3.1	能意识到自己的过度情绪表现
短期目标建议：意识到咬衣服不对、意识到满教室跑不对	
2.5.2.1	能了解居家安全的常识
短期目标建议：安全用电常识、微波炉的使用安全	
3.1.2.6	能掌握家用电器的使用方法
短期目标建议：微波炉的使用	
3.1.2.7	能掌握烹调食物的简单技法
短期目标建议：微波炉加热奶、微波炉加热饭菜、微波炉制作鸡蛋羹	
3.2.3.1	能正确接受他人的评价，听到批评不烦躁
短期目标建议：接受并执行、不反复说"不说"	
3.2.3.2	能初步学会表达不愉快的情绪
短期目标建议：用语言表述	
3.4.2.3	能用计算机进行文档的处理、编辑、保存
短期目标建议：新建文件、保存文件、用画图工具制作一篇绘画日记	
3.4.2.7	能用计算机进行游戏和娱乐
短期目标建议：玩网络游戏、播放歌曲、播放视频	

以职业为导向，寻找大龄智障学生的出路

支持性就业的实践探索

大龄学生毕业后的出路在哪？我们到底要教给我们的学生什么？怎么教？我们的学生和家长到底需要的是什么？对有工作能力和就业需求的学生来说，首先要培养其就业能力，可以后呢？他们真的能融入社会实现独立吗？当然，对能力稍差的学生而言，他们以后的路可能就是家庭养护，那么应教会他们怎样去娱乐去休闲。

海淀培智开始尝试运用支持性就业的理念来帮助年满16岁的部分学生进行校内外的就业探索。

首先是校内工作岗位的设定，学校根据学生的兴趣爱好和个人能力分别开设了低年级生活老师岗、体育助教、复印室助理、图书室助理、门卫传达、食堂帮厨、食品外卖助理、超市售货理货、校内治安巡逻、工艺坊、擦鞋小分队、保洁小分队、修理小分队、手工艺等岗位，在人员分配上本着能力强弱合理搭配的原则，专职教师针对不同岗位提供专门支持，制订支持及评价、奖惩量表，每月根据学生的个人表现及上岗统计情况分发不同的奖励工资，学生们的身份变了，他们从学生一跃变成一名工作人员，在自我要求和个人能力上均有了不小的改变。

对于那些能力较强将来有望参加工作的学生，学校把支持的眼光更多地投向了校外。主动联系区残联，走访了海淀区的部分社区康复站，了解心智障碍者在社区的活动情况，也联系区民政部门，走访了一些福利工厂，并长期与区残联的就业办建立了联系。同时，学校周边的社区和宾馆、企业都是很好的资源。刚刚开始的时候，学校走访企业的心态是犹豫和彷徨的，在经

过一次次被接纳的经历以后，我们越来越对周边的社会大环境充满了信心：我们的工作、我们的学生已开始被越来越多的社会人理解和接受了！

在麦当劳勇敢的面试

麦当劳对学生们来说，是一个多么熟悉的名字，如今它要面向我校招收工作人员了！消息传来，整个职康站的人都激动了，家长们也显得很兴奋，学生们都想去试一试，他们的工作意愿都被激发出来了！

教师们集思广益地提出了 36 条面试时可能会遇到的各种问题，包括个人的兴趣爱好及受到委屈误会了、要求加班值班怎么办等对学生进行反复训练，并专门培训了《面试流程》《模拟面试》，最终的考核环节最能体现学校对我们工作的支持：校长、书记、主任等十多名教师利用午休时间在学校小会议室展开了招聘会，应聘的学生逐个进去接受各面试考官的引导式提问，通过这次招聘活动，既锻炼了学生们的应变及回答问题的能力，也给组织该活动的老师们增强了信心。后来在麦当劳餐厅的真实招聘活动中，我校有十多名学生勇敢参加了校外的面试活动，其中 6 名学生顺利通过了面试，在后来的试工环节最终有 3 名学生被顺利录用。

生态园里滑旱冰

在生态园里，有服务生每天穿着工作服手端托盘、脚踩旱冰鞋在园子里来往穿梭，模样很是潇洒。谁又曾想到，这里面有从特殊学校走出去的孩子呢？

　　张跃鸿老师前后带了 5 名学生到这家大型生态园，孩子们在这里可以做保洁、传菜、择菜和洗菜等服务。负责传菜的两名学生最先是从练习轮滑开始的，能力稍强的健健很快就掌握了穿着旱冰鞋端菜快速送到位的技能。对这几个孩子的锻炼从最先的传一道菜到最后能传一碗汤来去自如，其中凝聚了指导老师和身边工作人员多少的心血啊！

　　负责保洁的两名学生也在老师和工作人员的悉心指导下，越来越上手，各项与人交流的能力也得到极大的提高。

　　一年后有 3 名学生在支持性帮助下实现了独立就业。这是每个老师都希望看到的，看这些孩子能走进社会，成为一个自食其力的、对社会有用的人，老师们心里充满了自豪！

【启示】

学校的支持性就业工作一直在进行，学生的社会实践领域从最初的宾馆延伸到麦当劳餐厅又到后来的图书馆、邮局，直到现在的大酒店、健身俱乐部，个中也取得了一些小小的经验。近年来出现的SIS(学校文化识别系统)个人支持需求评估工具又提供了一套科学的评估系统，有效协助服务提供者(也就是我们)，通过了解学生所需的服务内容，使他们能从整合的工作与生活环境中获得资源、信息和关系，进而提供有效的引导和帮助，进而使其独立性、生产性、社区整合性与满意感都得到提高，最终提高其生活质量。我们的努力先后获得了来自学生家长、社会各届及同行专家和学者的一致肯定，这种肯定使我们越来越坚定了自己今后前进和探索的脚步。

蔬菜园里收获忙——农庄实践活动

在喧闹的都市环境中生活久了，在教育氛围浓重的校园环境中学习久了，在温馨的家庭中被父母呵护久了，学生们都会感受到太多无形的束缚和压力，为了让他们能在轻松幽静的环境中释放自己，在远离父母呵护的环境中锻炼自己，提高他们的自我管理和社会化适应能力，职劳部的教师们特地设计了益乐园农庄5日实践活动。

此次岗位实践活动包括农田耕种、农家餐厅帮厨、居家生活管理、家禽喂养体验、核桃手工制作。

在住宿管理上，教师根据学

生能力状况进行强弱搭配，每3人一个房间，教师则插空与能力最差的学生合住，这样既便于能力强的学生在自我管理的同时兼顾室友，也便于教师就近指导弱生和及时处理意外情况发生。5天下来，所有学生在自我照顾、自我管理、生活习惯养成、动手操作等方面都取得了很大进步，尤其是一些能力相对偏差的自闭症学生，在农庄的各项训练中，表现出了可喜的变化。

益乐园农庄环境清静宜人，植物种类（蔬菜类、果树类）相对多样，活动空间宽阔安全，工作人员热情友好，使所有的学生在这样的环境里感到既放松又踏实。他们经过第一天的组织引导，在后来的几天基本都是按既定的活动程序进行，比如早晨六点半起床洗漱，然后到院子听音乐晨练，七点钟开始排队洗手吃早餐，餐后值日生留下值日，其余人散步。半小时后开始清扫房间、整理床铺、洗衣晾衣，接下来是参观评价交流、发奖（奖品是餐后水果）。后面的时间是分组活动，十一点半洗手准备午餐午休，下午两点起床仍是分组活动。晚餐后学生围坐会议室做当日的评价交流活动，七点半钟开始卡拉OK展示，学生们那种投入尽兴的劲头儿，很容易就把一天的紧张给赶跑。晚上九点，农庄统一洗漱熄灯就寝。一切都按部就班，没有一名学生出现丝毫的情绪行为问题。

自闭症学生由于其言行举止方面的刻板性，使其很难适应或作出某种改变，尤其是挑食现象。比如，严重营养不良的丁丁，多年来吃饭从来都是饭菜分开，每顿饭都要吃上数小时，很让人着急。涵涵的进食习惯是吃肉不吃菜，脸上、头上到处都是营养失调引起的痘痘。高大的琪琪饭量却很小，每顿饭只进食一小块米饭和很少的菜。可这次带他们参加为期5天的农庄活动，学生们基本没有出现挑食、饭菜分开、饭量很小等情况，人多吃饭香，大家聚在一起享受着进餐的温馨与快乐，个个都是饭量大增。他们进餐的照片和录像亦让家长们感到很吃惊。

程度重的自闭症学生除了基本的自我照顾能力外，日常的其他动手活动基本上全由家长包办代替，因为他们未来的发展之路就是家庭养护。而在益乐园农庄里，这些孩子在洗衣、整理床铺、浇花、拔草、上山捡桃核等方面表现的独立自主性，也开始颠覆家长和老师们的昔日看法，原来他们可干能干的事情也有很多。

可能是由于大家在一起的缘故，所有的自闭症学生到益乐园农庄后都能很快适应了那里的环境，没有出现一例因不适应变化而出现情绪行为问题。自始至终，学生们好像都很享受那里的一切。

受传统观念和行为习惯的影响，长期以来我国的特殊教育一直处于在围墙内被保护、被隔离的状态，智障学生的活动范围仅限于学校和家庭之间，他们从入学到毕业一直都被贴着"特殊"的标签而被人垂怜或被人歧视，这都是极不公平的。受国际上"回归社会，回归主流，融合教育"等新的特殊教育理念的影响，人们开始从残障者本身的角度和权利来思考他们的社会需求问题，特殊教育不再仅仅是某个人和某个家庭的问题，而被提升到社会和国家的高度开始引起重视。随班就读、社区融合教育、支持性教育、生活质量、

康复训练等概念开始被越来越多的人接受，校外教育大环境也开始向特殊学生敞开大门。可以说，校外实践活动是校内教育活动的延伸与补充。

没有校园内的教育活动和知识技能做铺垫，智障学生即使被带出去也很难适应外面社会的庞杂和多变，但单纯的围墙内教育，也不可能把这些智障学生培养成一名合格的社会成员和国家公民。因此，充分实现校内教育与校外教育的有机结合，是未来特殊教育发展的必然趋势。

【启 示】

对身心障碍学生进行就业技能训练将是一个长期的过程，它需要指导老师的专业发展和爱心支持，更需要家长的参与和支持以及对整合社区资源的重视，让全社会都形成一个融合的支持环境，促进全民形成生命多样和谐发展的公共意识，不断为这些学生提供合理有效的训练机会，培养他们的优势潜能获得良性发展。

/二/ 送教上门，让"教育"属于所有的孩子

有这样的一群孩子，他们无法像其他孩子一样来到学校，进入课堂，和同学们一起上课、学习、生活，有的甚至出不了家门。但这些孩子也有受教育的权利，他们更需要获得尊严。在海淀培智就有这样一群老师，他们的工作地点不在教室、不在课堂，而是在孩子们的家里。他们每天提着教具箱，在学生家之间奔波着，不管刮风下雨，也不管寒冬酷暑。哪里有学生，哪有就有特殊教育。

行走在送教上门的路上

送教上门工作开展的背景

在现实教学中，我们常常会遇到残疾程度严重、生活离不开照料的孩子，如脑瘫儿童无法站立和行走，生活完全不能自理，更严重的脑瘫会因长期卧床而导致脊椎变形，甚至影响进食，严重危及生命，需要专门护理，他

们没办法到校学习，一般的培智课程也很难适合他们。"上学"成为这类儿童的梦想。

夸美纽斯在《大教学论》中讲到"凡是生而为人的人都有受教育的必要"。我国《义务教育法》也赋予残疾孩子受教育的权利。《残疾人教育条例》中规定："对因身体条件不能到学校就读的适龄残疾儿童、少年采取其他适当形式进行义务教育。"对重残儿童实现义务教育一直是海淀培智积极探索的重点工作之一，探索多元的特殊教育形式也是培智教育自身发展的需要。"送教上门"成为学校实现多元教育方式的模式之一。

学生需要，是送教上门工作发展的动力

2005 年以前，感性的、随机的送教工作也有开展。2005 年 11 月 "海淀区对重度残障儿童送教上门启动仪式" 在海淀培智召开，学校将送教上门作为一种固定的教育形式由专人负责，进行专门的研究，至今已有 8 年。在这 8 年中，送教上门历经三个阶段。

第一阶段：2005 年 9 月至 2008 年 7 月，实施"送教上门"初级阶段，处于"送教上门"可行性研究阶段。

由学校指定一名有丰富特教经验的骨干教师作为"送教上门"指导教师。此阶段采取送教上门指导教师和大学生志愿者相结合的方法，学校专职的指导教师巡回教学，指导志愿者于休息日上门教学。

本阶段的工作重点，由指导教师建立完善学生档案，包括自然情况、家庭环境、社区环境等基本情况；对学生进行初步的能力评估，制订个别教育计划、设计教学内容；召开家长会，增加家长间的交流和互动。同时对志愿者通过讲座、座谈、网络答疑进行专业培训和现场教学指导，建立了一支具有爱心和一定特教知识的志愿者队伍。

教学组织形式采取专业教师与志愿者相结合，志愿者与家长相结合，动员家长力量，参与实际教学中。送教上门活动与参加集体活动相结合，组织小组活动，丰富学生的社会生活。

在第一阶段中志愿者发挥了重要的作用，他们克服路途遥远、天气恶劣等困难坚持了两年，不仅给家庭带来了社会的关爱，锻炼了自己，同时扩大

了特殊教育工作的影响。但也有弊端，一是志愿者队伍专业度不够；二是流动性大，不利于学生进行系统的教学和康复。

第二阶段：2008年7月至2009年7月，以学生为本，立足科研，提高送教上门教学质量。

分析前期工作，海淀培智从2008年开始成立送教上门指导中心，组成了教师团队，专职做"送教上门"教学，把工作重点由原来的巡回指导转移到深入研究送教上门教学和发展上，提高了送教上门工作质量。

送教教师的组成，包括巡回指导教师1名，送教上门教师9人。

教学实施方面，专业团队送教后，通过对送教上门教学的实践和研究，结合家长的不同需求，形成了多种形式并存的送教上门组织形式。如一对一送教上门、学校小组教学以及定期班级活动，让送教的学生也有班级、有同伴。针对进行性肌营养不良等移动困难学生，重点进行学科教学和心理健康教育；对于能移动的学生定期安排其到学校实施小组教学，提高学生的社会交往能力。

此阶段，满足了特教的专业性，学生有了明显的进步，但对于脑瘫等肢体障碍学生还缺少专门的康复训练内容。

第三阶段：2009年9月至今，从学生专业需求出发，介入康复手段，把儿童动作教学纳入课程中，教育与康复相结合。

成立动作训练小组，专门实践和研究儿童动作发展，实现教育与康复并存的理念。送教上门学生的残疾程度重，大部分学生是脑瘫患儿。他们不仅仅需要教育，更需要康复手段。因此，学校送教上门指导中心特设置了动作训练研究小组，由专业的动作康复训练师定期到送教上门学生家里进行巡回指导，除对学生进行康复训练外，还教授家长康复训练方法，指导家长对学生做动作康复训练，将教育与康复训练紧密结合。

社会支持，是送教上门工作推进的保障

首先，领导支持。送教上门面临很多的现实困难，学生残疾程度重、交通不方便，需要更多的人力、物力和财力。海淀区教委、残联牵头，会同财政部门，从经费、人员上予以保证：纳入正常的师生编制、给予相应的经费，

保证了送教上门持续长久的发展。每年区教委和区残联领导在六一儿童节和新年时到送教上门学生家庭中慰问，使家长感受到了来自政府的关心。

其次，制定政策，做到有章可循。海淀区特殊教育管理中心根据送教上门工作特点，特拟定《送教上门管理办法》，对送教对象、教师的聘用和职责及各部门的职责等方面做了详细的规定，给送教上门提供了政策的保障。对于志愿者的工作，由区残联招募辖区内大学生志愿者，根据实际情况给予一定的车费和饭费补助，由共青团海淀区委对志愿者工作进行督导，一年后进行鉴定和表彰，志愿者队伍有组织、有领导。

再次，形成网络架构，保证不遗漏

一个学生。区残联每年通过街道、乡（镇）、居委会进行调研，能够掌握所有不能到校上学的重度残疾儿童、少年的一手情况，再通过教委转介到学校，由海淀培智具体落实这些儿童的送教工作。区残联、教委、学校形成工作网络。

最后，社会资源介入。自"送教上门"活动正式启动以来，辖区内的很

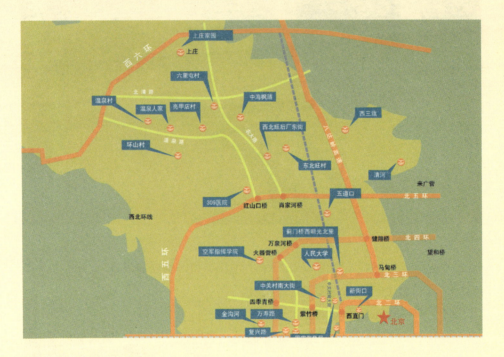

多高等院校也纷纷响应，目前参与送教上门活动的志愿者已达到100多人次。海淀培智通过讲座、座谈、实地指导、网上交流等方式在专业上给予志愿者支持。在志愿者的任用上，主要把好"三关"，即选拔关、培训关、管理关。

送教上门成绩与效果

2010年11月5日，在北京市第四次特殊教育工作会议上，市委领导指出：切实做好义务教育阶段重度残疾儿童的入学工作。作为一种新的教育安置措施，目前送教上门是一种适合的能够切实解决重度残障儿童义务教育问题的很好的方式，是以后大力发展的新领域。经过几年的实践和证明，送教上门工作不仅可以为重残儿童带来进步，更为整个家庭带来了希望和力量，是特

殊教育的重要组成部分。

学生的进步。其中一些学生从送教上门到与普通学校融合或到特殊教育学校就读，绝大多数的孩子在认知、动作、情感等方面明显进步了，就连极重度的孩子也会期盼着老师的到来。

提高家长护理技能。有些极重度的孩子，由于家长不具备专业护理知识，造成学生因长期卧床导致脊椎严重变形，给孩子的生命带来威胁。专业教师送教上门后给家长提供了护理技术，帮助学生提高生存质量。同时，改变了家庭由原来供养着，到充满希望的教育和训练的观念。

教师专业技术的提高。面对极重度的学生，教师学习新的专业技术，锻炼了老师的技能，更使特殊教育拓展了空间。

让暗淡的星星再次闪光

相伴"骄阳"，用生命换取生命的尊严

无论窗外是什么样的景色，杨铁梅老师每天都会这样度过：背上一个双肩背包，里面有学习用具、一个水杯、一把雨伞。步行 10 分钟到达车站，再乘车一个半小时，去陪伴一个个早已和她紧紧连在一起的孩子们。

冬天，追逐着太阳的脚步；夏天，行进在树荫中。无论是刮风下雨、还是严寒积雪、酷暑烈日。谁能想到，她曾被野狗追逐，也曾摔折腿寸步难行，但她从没想过退缩，因为有这样一个群体——呆呆的目光、光光的小脸、甜甜的微笑需要她。"我要去上学"是这些孩子最常说的一句话。由于脑瘫导致运动能力差、移动困难，语言功能不全、记忆力和理解能力差，这一切让他们远离了正常的学校。从他们来到世上的第一刻起，似乎就失去了自由选择人生的机会。

就拿娇娇、阳阳来说吧，她们是一对双胞胎，长得眉清目秀，黑色的眼眸流放着异彩。如果她们不是脑瘫患儿那该有多好，肯定是一对能歌善舞的"小公主"，是妈妈怀里的娇儿，爸爸心中的希望，全家人的骄傲。可她们的生命起点却是亲人痛苦的开始，刚刚降生就要承载苦难。

1999 年，娇娇和阳阳在家人的期盼中降生了，姐姐比妹妹早出来两分钟，姐姐瘦，叫"小胖"，妹妹胖，叫"大胖"。每天看着熟睡中的孩子，父母真

的是眉开眼笑。可是几个月过去了，他们发现孩子并不像其他孩子那样能手舞足蹈，她们不会抬手、不会抬腿，更别说翻身了。爸爸妈妈非常着急，带着孩子在各大医院之间奔波，可是得出的结论都是一样的：两个孩子患有极重度脑瘫，她们只能活到 6 岁左右，鉴于医疗条件有限，医生建议家长放弃对孩子的治疗，回家好好喂养。万念俱灰的父母只得把孩子带回家中。

14 年来，孩子逐渐长大，她们突破了医生 6 年生存期的预言，顽强地活了下来，而且生命体征显示很健康。这其中，父母、家人、社会倾入了无限的呵护、万般的关注。

娇娇和阳阳一家人，温馨祥和，家长对孩子照顾得无微不至。姥爷是某大学的退休教师，退休没多久就在家照顾孩子。孩子的父母都是大学老师，为方便老人照顾孩子，娇娇、阳阳一家和姥爷一家住在一起。父亲以外出工作为主，母亲一边工作，一边照顾孩子。孩子的日常生活主要由姥爷、舅姥爷照顾。姥爷、舅姥爷白天照顾她们，爸爸妈妈晚上照顾她们。她们每天生活很有规律，早上四点左右醒来玩一会儿，六点吃早餐，八点喝水，十点吃梨（把梨和冰糖煮熟，碾成泥吃），十一点喝水，十二点午餐，十五点吃梨，十七点晚餐，十八点就寝。在这样精心的护理下，她们身体发育良好。每天凌晨，两位老人准时起床，一个做饭，一个给她们换衣服、换尿布。吃完饭，两位老人抱着她们在沙发上聊天，这个说："大胖子，你好漂亮！"那个说："小胖子，你好乖啊！"

两个孩子无语言、无视觉，不能坐卧、站立，全身部位只有头部能在外部帮助下转动，身体只能微微侧躺。

14 年啊，娇娇和阳阳的家长精心喂养着她们，可是她们因长期卧床呈仰躺姿势，日积月累骨骼严重变形，其腕关节、踝关节呈弯曲状态，最严重的是脊椎现在呈 "S" 型，导致肋骨等压迫胃部，因此有时进食后会导致呕吐现象发生。

14 年啊，在别人体会春暖花开的欣喜、冰天雪地的快乐时，她们只能在家中由家长照顾。她们也不想让人照顾，她们想到外面和朋友玩耍，不想让劳累了一天的父母再去照顾他们……她们有太多的不想。

在她们刚出生被诊断为脑瘫后，家长曾四处奔波求医问药，在被医生多次告知病情太严重，最多只能活到 6 岁时，家长只能在家中精心呵护，抱着能养多大就养多大的想法，只是想尽父母责任，让孩子健康成长。也不想因为做动作训练使她们受苦受累，只是想让孩子快乐就可以。因此家长不懂得对她们进行动作康复训练，现在她俩骨骼严重变形。

2008 年，海淀培智通过区残联了解了她们的情况，决定为娇娇和阳阳实施送教上门，这个任务就落在了杨老师的身上。尽管她已经有十多年的特教工作经验，但面对残障程度如此严重的学生，还是有些惊异。杨老师不知道该如何帮助她们，那时路途的艰辛、天气的恶劣都不再是困难了，最大的困难是如何提高自己的专业技能，因为只有专业才能切实解决实际困难。因此，杨老师利用业余时间通过看讲座、读专业书籍等方法学习；掌握了一套康复训练手法，孩子们在她的帮助下也正在逐步好转。

杨老师首先对她们进行了专业的评估，把教育与康复相结合、学校教育与家庭教育相结合，制订了以康复训练为主要教学内容的训练计划。每次的教学分为三部分。第一部分是放松肌肉练习。肌肉是人体的第一运动器官，骨骼是人体的第二运动器官，当肌肉张力发展不平衡时，就会带动骨骼变形。因此上门教学的第一部分是放松肌肉练习。放松颈部、肩部、手臂、躯

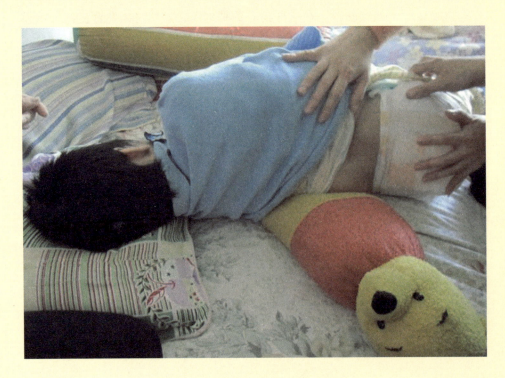

干、腿部肌肉，以按揉和点揉为主要手法，目的是让她们紧缩的肌肉得到放松。第二部分是活动关节练习。活动肩关节 50 次、腕关节 50 次、膝关节 50 次，做两组，提高她们关节的灵活度。第三部分是指导姿势摆位。正确的握姿、抱姿可以有效阻止其骨骼继续变形，因此对家长在喂孩子时的抱姿、孩子平时的卧姿都给予指导。针对这两个孩子的现状，杨老师采用平衡疗法对其进行动作康复训练，辅以牵拉等手段。几年了，孩子的骨骼没有继续恶化变形。

为拉近和孩子们的距离，杨老师每次见到她们都会夸夸孩子们，如今天你真漂亮、你真乖、你是杨老师的好学生等，在做康复训练的过程中还和她们聊天，之所以这样做是因为她们与外界接触太少，认知反应又太差，如果强行做训练会导致她们情绪不稳定，有时会哭，做训练时也会抵触。

送教上门 4 个月后，杨老师每次开始时进行的简单交流，娇娇和阳阳终于会用微笑回馈了，似乎在告诉老师她们已经知道老师来上课了，很高兴。杨老师一边上课，一边和孩子们说着家常，从天气的阴晴风雨到孩子们的衣服颜色；从按摩了什么部位，到为什么用这样的手法，尽管学生听不懂，但是通过熟悉的声音她们能够体会到，老师就在自己的身边，正在给自己做康复训练，久而久之，姐妹俩都很配合老师的训练。

有一次，杨老师正在给阳阳做训练，不一会儿看见娇娇在哭，家长很高兴，说："娇娇从来都不会哭，她生气的时候只会全身抽动，然后就呼呼大睡。今天您先给阳阳做训练，她可能不高兴了，学会了哭泣，这是她第一次哭泣。"如果以后娇娇都能用哭泣来表示自己的不满，那她就不会因为全身抽动而伤害身体了。姥爷、舅姥爷笑逐颜开，认为两个孩子从最初的不哭、不笑、毫无反应，到现在能够用哭、笑表达自己的喜怒哀乐的变化是奇迹。听了老人的述说，杨老师的眼眶不禁有些湿润，这两个孩子从对她毫无知觉，到现在对她的依赖，是多么不易呀，那是用多少心血换来的呀！这两个孩子表面上看毫无知觉，但内心深处却涌动着多少人间情感，那是人们没有办法触摸到的。或许，只有用心去体会，才能与她们心心相印。

从 2005 年送教上门到现在，杨老师的行程已经达到了近十万公里，这距离与距离的积累，换来了孩子们的进步，同时也让她体会到了被别人需要，是一种多大的动力！

娇娇和阳阳在关爱中慢慢长大，姐妹俩一点一点的变化，让杨老师体会到了生命的顽强和爱的力量。相伴"骄阳"，就能感受到来自心灵又回归心灵的生命震撼。

【启示】

在娇娇和阳阳的故事里，我们看到了对生命最本真的尊重。对于这些极重度的孩子，当人们还在质疑她们受教育必要性的时候，海淀培智的老师、家长用行动甚至用生命去捍卫她们受教育的权利，维护她们的尊严。不管是残障程度多重的孩子，老师们从来没有放弃过，因为哪里有学生，哪里就有老师，哪里就有特殊教育。

妙雨的转变

"一闪一闪亮晶晶，满天都是小星星。"这是很多人小时候最喜欢唱的儿歌，特别是在夜晚，仰头看着夜空，星星一亮一暗，好像在顽皮地眨眼睛。它们是累了吗？为什么一会儿亮一会儿暗呢？渐渐地，当忙碌于繁重的学业和紧张的工作时，心里的那些小星星也慢慢暗淡了下来。2009年7月，许楠老师开始了送教上门的工作，在这里似乎又看到了当年那些一闪一闪的小星星。这些暗淡的小星星，什么时候才能看到你露出灿烂的笑脸？

清晨，当第一缕阳光照耀大地时，许老师已走在送教的路上；傍晚，当人们在回家的汽车上昏昏欲睡时，许老师仍穿行在人群之中。当北风呼啸而过，雪花漫天飞舞时，她依旧顶风冒雪敲响学生的家门；当火辣辣的太阳在天空高挂热浪扑面时，她告别了依依不舍的学生回家。冬天的风真冷啊！等车时，为了那一丝温暖，她追随着从大楼间投射过来的阳光不停地移动，距离车站却越来越远；夏天的阳光真晒啊！午休时，她坐在树荫下仍然中暑，下午的课还要继续，吃下药丸后，咬牙敲响了学生的家门。看着他们或腼腆或灿烂的笑颜，感受到家长们的热情，再多的苦累她也甘之如饴！

这就是送教老师的辛苦，但是这些已经成为他们日常工作中微不足道的小小细节，不能让他们动摇分毫。假如教师的微笑和爱也是一种教育资源的话，每一位老师都有必要让它成为所有学生共享的资源。在许老师第一次上门到送教学生家里进行资料调查前，经验丰富的杨铁梅老师就对她说："只有走到学生家里去才能真正了解他们的需要。"送

教上门，从字面上的意思来理解就是把教育送到学生家里去，但随后的工作让她感到这没有想象中那么容易。自 2009 年送教至今，在经历了近一千多个这样的日子后，她渐渐有了更深一层的体悟。四年的时间，她经历了忐忑上路、摸索上课、总结概括、形成特色这些阶段，而家长也从最初的怀疑、旁观、尝试发展到现在的肯定、信任，甚至是依赖。她知道，需要老师的还有孩子们的家长。

上官妙雨（化名），听到这个名字你是不是觉得她应该是一个很文静秀气的女孩，实际上她是一个 17 岁的大姑娘。父母长期不在身边，没有经过早期开发，幼年时也没有正确的教育方法，只接受了两年教育就因奶奶年老体弱，无法接送她上下学而离开了学校。这导致了妙雨适应能力和语言沟通能力比较低，经评估后鉴定为三级智力残疾，双眼弱视，性格内向，自制力差，意志力薄弱，不喜欢运动，因为比较胖，所以比较自卑，有畏难情绪。妙雨家四口人中只有爸爸有工作能力，是低保家庭，妈妈是重度智力残疾且有精神障碍，无自理能力，需他人照顾。妙雨自幼与八十多岁的奶奶生活在北京，父母则住在郑州，月收入仅一千元左右。奶奶是个好强的人，尽管住的屋子很旧，却依然努力把家里收拾得很干净，只是现在年纪大了，已经没有精力再照顾妙雨。好在妙雨有一定的自理能力，能够洗自己的衣服和做些简单的清扫、擦拭等工作。奶奶见了许老师，把自己的担忧说了出来，她怕自己不在了，妙雨跟着爸爸生活，又要照顾生病的妈妈，会受苦。许老师根据妙雨

的情况和奶奶的要求给妙雨制订了计划，其中包括学写自己的名字、认识钱币、时间和做简单的家务。

由于妙雨很久没有上学，已经不认识自己的名字和数字，就连简单的唱数都忘记了，为了给后面认识钱币和时间打下基础，许老师从最基本的唱数、点数和认读常用词教起。学生有很强的畏难情绪，再加上许久不曾上学，所以最开始她做什么都不认真，看到她没有什么进展，奶奶就在旁边叹息："唉……成不了才，什么都干不了！"听了这话，许老师的心情很沉重，想到她马上就到18岁送教结束年龄，如果在这一年里没有什么收获，那么前途实在堪忧，心里暗自着急。许老师分析了妙雨的生活环境和发展过程，觉得是因为她从小就长期不在父母身边，奶奶又比较溺爱，缺乏正确的教育，而妈妈又是一个重度智力障碍合并精神障碍患者，对她的成长不能起到一个良好的引导作用，所以她就形成了怕吃苦，不喜欢干活、心理比较脆弱，禁不起打击和耐力差等性格特点。针对这些情况，许老师决定采用综合心理辅导的方法，重点培养她面对挫折的能力，分析她耐挫力差的原因，有的放矢地给予疏导、排解，增强她的抗挫力。提高她的自我控制能力，培养稳定情绪，承受挫折心理，形成健康的个性心理。具体通过下面三个方面来引导。

一是引导她正视挫折。给她讲道理，明白家长工作的不容易，在以后的生活中她要面对的问题，指出现在应该做什么。二是体验艰苦劳动。教给她做简单家务，一方面减轻奶奶的负担；另一方面也培养了她的劳动能力。三是教她学会克服困难。在她学习的时候给予帮助，使她不至于半途而废，体会到排除困难，成功的喜悦。

经过一段时间的不断感化教育和多次的心理疏导，妙雨的情绪较为稳定，心理状态能保持平衡，达到预期的心理教育目标。在实施心理教育过程中，要把握时机，调整有效的心理辅导措施，运用综合科学的心理方法，才能达到良好的效果。

给妙雨的送教活动也带给了许老师一个警示，送教是最贴近学生的一种方式，老师们走进学生们的家庭，应该通过老师的观察来不断修正教学内容，在制订计划的同时更应该结合家庭的实际水平。就拿妙雨来说，最开始通过和奶奶沟通制订了淘米、洗菜、制作简单凉菜等内容，但是经过一段时间的送教发现，由于学生是低保家庭，当年菜价又出现了大幅度的增长，所以这个环节对于他们家庭来说就不现实了，为此许老师改变了时间，改为第二个学期，天气回暖、菜价便宜的时候再教就比较合适了。不仅如此，还要在她年满 18 岁前联系好他们家所在地街道接收妙雨，为送教结束后学生的去向做好准备。

【启示】
每一位从事送教上门工作的老师都是勇士。在学校中的老师有同事有领导，有问题可以大家一起解决。但送教的老师不行，他们必须自己面对自己的学生，担子更重。因此，做好送教上门工作，不仅要练就过硬的专业技能，还要有良好的心理素质与沟通能力，才能独挡一面，独自担负起一个孩子、一个家庭的希望。

从"护崽的母鸡"到开明的妈妈

"学生决定课程。"根据孩子的不同需求，许老师的课程设置也不相同。送教学生的家长一般全职在家照顾孩子，她们与社会脱节，也没有倾诉的对象，更害怕别人的关注。辰辰的妈妈就是这样一个家长，她曾经有一份很好的工作，生活得幸福又惬意，但是命运却和她开了一个玩笑。那一年，她生下了辰辰——她们全家的宝贝，但是仅仅几个月辰辰就出现了癫痫的症状，医生说这个病好不了，但是爸爸、妈妈却不放弃，从此踏上了求医看病的道路。辰辰 11 岁了，妈妈为了他放弃了让人羡慕的工作，一直在家看护。因为辰辰很小就发病，对脑部的影响很大，智力水平仅相当于两三岁幼儿，处处显得和别的孩子那么不一样。妈妈的自尊心很强，不容许别人有一点点的轻视，也因此搬离自己以前生活的小区，到一个陌生的地方居住，甚至不惜与家人疏远。她说："我不允许别人瞧不起我的儿子，他在我心里永远是最好的，别人爱说什么就说什么，你们看不上我儿子我干嘛要理你啊！你要来看我们就来吧，反正我不去你们那！"在家里妈妈对辰辰也不提什么要求，孩子想做什么就做什么，生活自理也是妈妈代劳，妈妈总这样认为："我已经教他了，可是他学不会，我帮他干就行了。"并且辰辰妈妈也不能正确

认识孩子的现状，她曾对许老师说："辰辰的病情我心里都知道怎么回事，等他好了我们还要上小学，长大了我就给他开个饭馆。志愿者来帮我们，我们很高兴，我想等他好了以后对社会，对国家也是一种解脱。"许老师知道，家长之所以如此敏感是源于内心深处的害怕，她怕别人问起自己孩子的现状，怕别人异样目光的注视，所以她以自尊为名封闭了自己也束缚住了孩子。

于是，许老师先表示了自己的善意，让家长慢慢能够接受老师的一些劝

解，又不时开导她，并利用志愿者上门服务这一机会，使家长看到现在社会对智障孩子的态度，逐渐对孩子有了新的认识，也重新建立了新的教育观念。许老师想，如果家长的认识出现了问题，她再怎么努力孩子的进步也不会很快，所以她在每次课后与辰辰妈妈沟通，举例子、讲现状，即使有些话比较逆耳她也要家长正视孩子的问题，并提出配合方案。

蒙台梭利认为："教育就是激发生命，充实生命，协助孩子们用自己的力量生存下去，并帮助他们发展这种精神。"许老师把这句话作为送教上门的教育理念，和家长共同探讨。最初辰辰妈妈很抗拒，在许老师上完课后也不辅导辰辰，但是许老师仍坚持着，甚至有时两个小时的时间到了她仍然在继续训练，那一次她足足在辰辰家说了四个半小时，出来的时候脑子里"嗡嗡"作响，都不知怎么回的家。付出的努力终有了结果，经过两年的努力，辰辰妈妈的思想转变了，她主动找到许老师说："咱们班还有没有和辰辰病情一样的同学啊，我可以和他们家长一起聊聊，大家互相帮助一下。"

【启 示】

长期面对一个重度障碍的孩子，很多特殊孩子的家长都会存在这样那样的心理问题。他们逃避或者消极接受现实，不愿接受孩子的现有问题。送教上门的老师们不仅肩负学生的教育工作，他们还是这些特殊家庭的心理疏导者，引导家长正确对待孩子出现的各种问题。

"拍客"诞生记

送教上门的孩子从没来过学校，他们不知道自己现在班里的同学是男是女，长得什么样子，喜欢什么，甚至叫什么名字……每当组织活动时他们都因为种种原因不能参加，或是孩子不能外出，或是老人无力带他们出门，或是父母的精力被弟弟妹妹牵扯。许楠老师曾经把家长的 QQ 号等聊天工具集中起来，想给他们建立起一个沟通的平台，但是家长们的反应比较平淡，甚至有些还很抵触。每次活动看到身边寥寥无几的孩子时许老师就会想：怎样才能让孩子和他们的家长对现在的班级产生归属感？怎样才能让孩子之间相互熟悉、交流？怎样才能增加集体的凝聚力？

　　终于老师们找到了新的"武器"——语音沟通本，它可以照相、录音，具有很多功能。由此，许楠老师想到，可以利用这个新的电子设备，把每个

孩子的一举一动记录下来，即使他们不能面对面交流也能通过录像等方式认识同学。大虎的父母平时没有太多精力，导致他自己上网找了一些含暴力内容的电视剧看，更加重了他的精神问题。后来，志愿者上门和他聊天，给他带来了外界的新鲜信息以及与同龄人的交流方式。另外，许老师告诉他可以为他录像给同学看，他很感兴趣，并且由此也开发出了新的兴趣，成为了一个"拍客"，看到什么都要拍一拍，也不怎么去看那些暴力的影视作品了。

　　班上的学生生日主要集中在12月和1月，许老师想："既然他们不能开一个现实生活中的生日会，我就组织一个录像送祝福的活动吧！"让所有的孩子为即将过生日的同学制作生日贺卡和礼物，大虎在制作时不时地会问"是周正过生日吧？他是男同学。"收到了礼物的孩子也很高兴，感觉到有人想着自己。快过年了，大虎兴致勃勃地和张老师说起了他那时候还在学校上学时的事情，对张老师说："帮我问好啊！给杨老师问好，给王老师问好……"许老师灵机一动，对他说："你这样说老师们也听不见啊，怎么办？"大虎挠挠头："那你给我拍下来，回去给他们看啊！"许老师知道大虎会想到这个办法的，但是由他自己提出来还是让他感到自己特别棒，于是摩拳擦掌地就开始准备开了。找背景、调整表情、彩排……忙得不亦乐乎。当他面对镜头时有点紧

张又有点儿兴奋地手舞足蹈，忘了很多词。当许老师说"停"的时候，他松了一口气，马上跳起来说："让我看看行吗？"边说还边拿过来自己看了一遍又一遍。大虎迷上拍摄了，不仅要别人来拍自己，当他做事的时候还随手拍下当时的情景：志愿者来到他家给他过生日，他拍下了大家插蜡烛、摆桌子的身影；外出吃西餐时他在就餐前拍下美味的食物，饭后还拍了拍餐厅的花玻璃吊灯，一副时尚达人的样子；妈妈画好了水墨画，他拍下了爸爸欣赏时的评价……每次许老师上课前大虎都要让她看看自己又拍了什么，并且解说一番，又锻炼了他的语言表达能力。

【启示】

寒来暑往，走在送教上门的路上，看着街边的景色不断变化，孩子和家长在不断成长，老师们的心也沉淀了下来。不管孩子残疾程度有多重，他们都是老师心中那颗闪亮闪亮的小星星。

/三/ 星星的孩子，灿烂的生命

有人说，他们是星星的孩子，就像天上的星星一样永远活在自己的世界。有人说，他们是天才，因为爱因斯坦、梵·高、牛顿等很多出类拔萃的天才生前都有怪异的行为，用现代医学方法去判断，他们很可能患有孤独症。也有人说，他们是异类，只生活在自己的空间里，像个外星人，天外来客。而在特教老师的眼中，这些星星的孩子都散发着与众不同的光芒，特教老师是他们的老师，也是他们的伙伴，特教老师牵着他们的手一起前行，努力营造更大的空间，挖掘更多的潜能，让星星的孩子不再孤单，让更多的人了解他们，接纳他们。

艺术天地，携手前行

在纷繁五彩的世界里
我们驻足凝望
星星和月亮的孩子
他们的眼
竟然如此纯洁清澈
绿色的世界
印象在孩童的明眸中
对无礼的包容
对真诚的接纳
今天
他们愿把爱的礼物分享
放任惊人天赋的他们
在艺术的海洋里自由徜徉
你，我，他，
还有艺术大师们
都在这里流连忘返

特殊儿童有他们自身的不足，但是他们也具有对美的感受能力。如果特殊教育工作者能够发现这种能力，并运用一定的心理、教育、训练策略，对他们进行培养，他们同样也可以散发出璀璨的光芒。

特殊儿童的艺术教学和普通儿童的艺术教学有显著差异，从认知理解到技能水平的发展都无法遵从正常儿童的发展轨迹，这就要求特教教师因材施教，根据每个学生的不同特点，积极启发、细致观察学生的点滴进步，找到开发学生潜在能力的突破点，点燃学生对于艺术的感知力与表现力，帮助他们取得成绩。在老师的辅导下海淀培智学校多名学生参加国家级、市、区级美术比赛获得优异成绩，特别是一些自闭症儿童的书法绘画作品多次在拍卖会上被各界人士收藏。学生的绘画、书法作品在马奈草地艺术展览馆等艺术场所进行展示，学生的艺术能力得到社会认可，也极大鼓励了学生的创作热情，同时提高了他们的自尊心和自信心。在生活中特殊儿童的失败比成功多，他们的才能往往被人忽略，但是艺术活动为特殊儿童打开了一方新天地，使他们也可以在阳光下灿烂微笑。

艺术是人类相通的语言，也是特殊孩子融入社会、展现天性与才情的特有表达方式！海淀培智学校多年来始终重视学生的艺术才能发展，深入挖掘自闭症、脑瘫、智力障碍以及多重障碍等特殊儿童的艺术潜能，孩子们的艺术天分、绘画技艺、音乐天赋得到众多知名艺术家的青睐。让全社会用期待的眼神，支持孩子们在艺术的海洋里充分展示自己，尽情表达对生活和生命的热爱与歌颂吧！

从书法治疗中的成长

艺术活动既是提高学生各方面能力的好方法，也是康复训练的有力手段。在特殊儿童的艺术教育中，书法辅导活动已成为海淀培智学校较为成熟的康复训练艺术教学方法。

书法活动前学生普遍存在行为问题，在深入分析了学生的问题后，胡斌老师为他们制订了详细而有效的活动计划。刚开始，学生的精细动作差，书写不成字，只是一个个墨团，她就想办法，先让学生蘸水书写，再把字形放大易于描摹；学生的手指灵活性差，她就手把手进行示范；学生集中注意的时间短，于是每次只安排半小时的书法练习；学生的适应能力有困难，就每天在固定时间、固定地点进行书法活动。为了稳定情绪，在书法活动前进行调整呼吸的活动，还精心挑选了适宜的古筝曲配合书法活动。在书法活动过程中对学生进行更多的鼓励，每一次的作业都在黑板上展示，发现学生的微小变化和点滴进步都及时给予表扬，每星期把作业拿回家给家长看一看。经过一段时间的书法活动，学生的情绪逐渐稳定，注意力集中的时间也有所增长，打翻墨盘、满教室乱跑的现象大为减少。

学生在书法活动中不仅书法技法有提高，更重要的是通过书法活动的过程改变了学生的行为，提高了学生的自信心。学生的书写能力从墨团写出了笔画，由笔画形成了一个个的文字，以至一幅幅作品。当看到自己的进步时，学生的自信心提高了，对书法的兴趣越来越浓。学生在参加各级各类比赛中也取得了优异的成绩。经常听到的是学生高兴地问老师："老师，咱们什么时

候再写字？"或者骄傲地说"老师，我会写毛笔字了。"家长看到了孩子的进步感动地说，"我的孩子好像变了一个人"，"真没想到，我的孩子还能拿毛笔写字"。孩子们在不知不觉中进步了。

【相关链接】

书法治疗释义

书法治疗是以毛笔书写为方式，以行为治疗为理论依据，在心理治疗的框架下针对自闭症儿童进行心理矫治与康复训练。从 1997 年开始，海淀培智学校就与香港大学心理系就书法治疗这一项目开展合作研究，在过去的十几年里已经成功地将书法作为一种康复训练方法，系统运用到智障、自闭症及多重残疾学生的行为矫正、教育康复等活动中，改善了特殊儿童心理行为的整体状况，形成了特殊儿童书法康复训练的校本特色项目。海淀培智学校以书法活动作为校本课程，设置书法活动课，培养书法治疗辅导教师，做到班班写书法、周周有书法、学生爱书法，为书法这一传统文化在特殊儿童教育教学中广泛开展起了推动作用。该项目在"十五""十一五"期间取得了突出成绩，获得市、区级科研成果奖。

大手拉小手——结缘"马奈"

2011 年 4 月 2 日，借由世界孤独症日，马奈草地艺术中心与海淀培智学校举办了以"大手拉小手"为主题的自闭症儿童绘画展览，向社会展示了以自闭症儿童为主的特殊儿童在绘画艺术上的特殊才能。那丰富的色彩、流畅的笔触、令人惊讶的奇思妙想，使人耳目一新，完全打破了世人对于智障儿童的传统观念。特殊儿童不再只是教育训练的对象，他们身上同样闪烁着艺术的光芒。社会各界人士尤其是艺术专业人士看到孩子们的书法、绘画作品赞不绝口，这不是同情与怜悯的客气，这是一种平等的欣赏，人们被孩子们的艺术感动着，发出了由衷的赞叹。

回想孩子们的学习过程，充满了坎坷但也充满了愉快和童趣。胡斌老师永远也不知道月月下一笔会用什么颜色，她永远也不知道曦曦站在画架前的时候在想什么，她永远也不知道小爽怎么能将字写得那么有趣。"我和学生们，虽然每天都在一起，但是每一次的艺术活动，他们所带给我的是无限的惊奇。"

孩子们的创造力，孩子们对于艺术的理解，孩子们对于世界的好奇，不加修饰，没有技巧，就这样真诚地展现在人们的眼前。

面对这些孩子，胡斌老师从来不认为是她在教授他们怎么画，怎么写，怎么去做。在她眼里，每一个孩子都是璀璨的星星，而她只是那支点亮星星的火柴。

【启示】

当世人不再以一种悲怜的心态看待这些特殊学生的作品时，当这群孩子的作品可以和普通人的作品一同展出而不受任何的歧视与偏见时，他们就真正获得了成功，同时也为自己赢得了真正意义上的尊严。

小荷才露尖尖角
——水立方画展

经过一年时间的紧张筹备，值六一儿童节之际，海淀培智学校学生书法、绘画展览在国家游泳中心水立方开幕了。著名书画家焦秉义亲临开幕式。

画展共展出了近 100 幅学生作品，看着精美的作品，到场的来宾和家长震惊了。大家由衷地赞叹孩子们的艺术表现，这不禁又让胡斌老师回想起学校那些小小艺术家。

小瑞可是学校的小书法家，他聪明好学，但就是有的时候情绪有点儿急躁，还带有自闭症儿童的典型特点，比较刻板，会对一个内容反复进行。有时候不能安静地坐下来书写，老师就在书写前安排他诵读他喜欢的画论、书论等文字内容，在诵读的过程中，他的情绪逐渐平静，这时候胡老师再和他讨论书写什么内容。在书写的过程中及时观察，在他遇到困难的时候进行指导，逐步教他怎样向教师求助，他的进步越来越大，已经能独立进行书法作品的创作。

熙熙是一个可爱的大男孩，虽然他也是一名自闭症儿童，但是情绪却比较稳定，喜欢听音乐，经常会提出自己的要求，"老师，我可以听久石让的音乐吗？"那样的执着和可爱，没有人能拒绝他的要求。他最大的特点是具有丰富的想象力和绘画表现能力，当他站在画架前，专注地挥动着画笔用丰富的色彩表现他心中形象的时候，让人感觉他和一个职业画家真的没有区别。但是很多时候，他需要和老师探讨他要画的主题以及在构图的时候要注意的地方。就是在这样的师生探讨中一幅幅清新可喜的丙烯油彩画诞生了，你会惊叹于《四季组歌》中对于四季物象的巧妙构思和布局，你会惊叹于《世界风光》中那逼真的埃菲尔铁塔等一系列建筑，这些都是他把心中的所思所想，表现在自己的创作中，是在他用它的画笔表达他对世界的看法。

小爽是一个爱漂亮并对所有的漂亮装饰品都很痴迷的自闭症小姑娘，但是，强烈的情绪障碍使她经常处在极端情绪状态中稍不如意就哭闹不休。对于她的情况，老师采取了这样的方法：先跟她建立友好的关系，再和她一起进行她喜欢的活动，一起看漂亮的时装书，一起做手工，慢慢地她接受了老

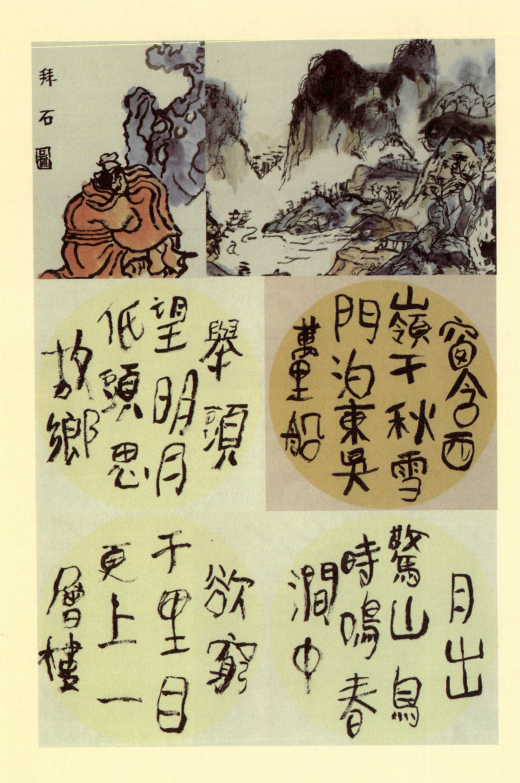

拜石圖

窗含西嶺千秋雪
門泊東吳萬里船

舉頭望明月
低頭思故鄉

欲窮千里目
更上一層樓

月出驚山鳥
時鳴春澗中

师，愿意和老师一起进行其他活动。特别是通过一段时间的书法练习，她逐渐喜欢上了写字，每次进行书法活动都很愉快。她的书法创作具有自己独特的风格，结体的大小、正斜、欹侧，用笔的圆转灵活，无不带有自己对书法的审美体验。

还有可爱的浩浩，他是一个9岁的自闭症男孩儿，总是闪烁着一双明亮的大眼睛，对于所有的新事物都充满了好奇。看到绘画组的大同学在画工笔线描画，他也缠着老师要画，可是他是一个那么活泼的孩子，仿佛一刻都不能停下来，他能坐得住，能有耐心一笔一笔去描绘吗？胡老师决定让他试一试。令人吃惊的是，当老师给他详细地讲解了绘画要求，准备好用具后，他就安静地坐在自己的座位上开始画，这一画就是一个多小时，就连中间老师让他休息一下喝点儿水，他都不肯，一幅精美细致的白描图案画好了，每一笔都是那样认真仔细，家长非常吃惊，简直不能相信，但是我们的小浩浩很快又对油彩感兴趣了，缠着老师要画油彩，他仿佛有无穷的精力，无限的好奇，这个世界像一个奇妙的大花园正等着他去探索。

还有喜欢色彩的岳岳，在画色彩的时候是那样的专注，都忘了发脾气，每一张的颜色都奇妙得如天边的彩虹，又如夜色中闪烁的霓虹。

还有安静稳重

的小菲，总是认真地听着老师的讲解，努力完成每一次绘画内容。虽然在碰到困难时难免气馁，但是在老师的鼓励下还是会勇敢地战胜困难，取得成功。当看着自己的作品

获得全国大奖的时候，小菲开心地说："老师，我有幸福的感觉了。"

孩子们在老师们的指导下遨游在艺术的海洋中，幸福快乐地成长，每一个孩子都是独特的，他们小小的心灵藏着无限的宝藏，而老师就是要去发掘、去培养、去雕琢，使这一块块璞玉成器。

每一个孩子的背后都有一个成长的故事，每一个故事的背后都有家长殷切的期望，老师辛勤的付出，孩子们努力的脚步，就在这样一天一天的坚持中，孩子们长大了，懂事了，虽然步履蹒跚但坚定地走向未来。

"桃李不言，下自成蹊"，谁说贫瘠的土地不能获得丰收，谁说迟开的花朵不能点染春天，虽然我们的教育对象是一些特殊儿童，虽然我国的特殊教育起步较晚，一切还在摸索和实践中，但是只要有一线希望海培人就决不放弃。海培人要把这份特别的爱献给特别的你——祖国的特教事业，以及这些特殊的孩子们！

【启示】

绘画其实也是一种语言。对儿童来讲，绘画是一种最初的语言，一种最自然、最直接的讯息传递，是他们表达自己的最重要途径之一。绘画并不需要依赖于日常语言，其过程本身就有助于自闭症儿童情感的抒发和情绪的宣泄，促使其心理因素的健全、和谐发展。对自闭症患儿进行绘画艺术治疗，可促进自闭症儿童的心理健康发展和认知功能的恢复。

折翼的天使也能翱翔

在海淀培智学校里有这样一位天使，他是舞蹈《马蹄声声》中的领舞，也是音乐剧《阳阳的一天校园生活》里的主角"阳阳"。他灵动的身影吸引

着大家的目光，他沉着有力的踢踏舞姿征服了观众，他天使般的笑容感染着身边的每一个人。他，就是海淀培智学校里的快乐舞蹈天使——阳阳。

阳阳，刚从普小转入的新生，刚看见他时让钟雅君老师眼前一亮，瘦瘦高高的、脑袋小、四肢长是特别适合学舞蹈的身材。但是正式开始舞蹈训练后钟老师才发现：他不会听音乐，没有节奏感，甚至连数基本的节拍都不会，动作僵硬、上下肢配合不协调，跳舞就像做广播操一样，由于年龄偏大又毫无舞蹈基础，身体软开度很差，而且嘴里还总是不停地发出"嗝、嗝"的声音。钟老师心想："完了，看起来条件相对较好的孩子居然也是这样的。"

在课堂上，阳阳嘴里不停发出声音，严重影响正常教学，每当这时，同学们就会用异样的眼光望他，他就会更紧张。越紧张，这种奇怪的声音就更加频繁、更大声了。多方面了解后得知，这个孩子在普通小学学习时就有严重的自卑心理并伴有抽动症。对于这样一个长期缺乏关注、内心脆弱的孩子来说，要使他有所改变首先要帮助他逐渐克服心理障碍并恢复自信。随后，在舞蹈训练时只要发现他有一点儿进步，哪怕只是一个简单的动作做得稍稍到位一些，钟老师便会给予阳阳极大的鼓励，不仅让他感受到老师在时时刻刻地关注着他，而且他的每一个进步都能让钟老师更加欣慰。慢慢地钟老师

发现在舞蹈训练时阳阳发出"嗝、嗝"的声音越来越少，变得自信了。

为了让阳阳体验更多的成就感，彻底摆脱奇怪声音的折磨，钟老师让他加入学校舞蹈队参加舞蹈《马蹄声声》的排练。众所周知，学习一个完整的舞蹈是非常苦、非常累的。为了舞蹈剧目的完整呈现，一个简单的动作可能就要反复练习成百上千遍。但就是这些枯燥乏味的重复，让钟老师在阳阳身上发现智障学生最难能可贵的精神——吃苦耐劳。在练习舞蹈的过程中，很多学生会找各种各样的理由偷懒，但阳阳从不会，只要老师不说休息，他都会不遗余力地一直跳、一直练。看得出来，他已经喜欢上了舞蹈。

阳阳不怕吃苦的精神深深地感染了钟老师，也让她对阳阳更加充满信心。经过长时间的勤学苦练和数次登台演出后，阳阳深切地感受到了大家的关注与认可，周围人由衷的赞许更让他多了一分自信与骄傲，曾经的"嗝嗝"的怪声渐渐消失了。他开始尝试与他人交流，而这种交流的反馈和自信的增强又进一步提高了阳阳学习舞蹈的积极性，从而形成良性循环。从毫无舞蹈经验到上台演出，阳阳仅用了半年时间，现在，学校里大大小小的演出中都能看到他天使般舞动的身影。2011年6月，阳阳领舞的《马蹄声声》参加了北京市残联艺术节比赛，荣获了第二名的好成绩，折翼天使的梦想从此开始放飞。相信有了这份自信与坚持，他在梦想的舞台上一定更加耀眼夺目！

要让智障儿童在学习舞蹈中体验成功的喜悦，需要爱与责任守护在这些特殊孩子的身边，手拉着手，不抛弃，不放弃，让爱的温暖充满每一个角落。所有的一切，就是因为无论是我们的老师，还是这些特殊的孩子同样都怀揣

坚定的信念，拥有不屈的意志，追求美好的梦想！将梦想放飞吧，让折翼的天使在他人生的天空飞得更高，飞得更远！

【启示】

智障学生存在韵律感差、身体不协调等问题，有针对性的舞蹈教育活动，矫正或补偿了他们的身心缺陷，促进了他们反应能力、协调能力和平衡能力的发展。同学们在舞蹈中获得了乐趣，增强了体质，提高了自信，促进了他们健康、和谐的成长。

特奥运动，一片自信的天空

特奥领袖计划带给学生成长与快乐

2007 年 10 月，王艳杰作为指导老师带着明明以特奥会全球青少年峰会代表的身份参加了在上海举办的世界夏季特殊奥林匹克运动会。由于明明在

峰会上的出色表现，同年 12 月，他又受邀参加了由国际特奥东亚区和中国特奥会联合主办的"特奥领袖高级培训班"。成为一名高级特奥领袖后，他出色完成了特奥东亚区主办的各类活动的主持、司仪等接待任务，2006 年 11 月，他在参加了东亚区区域信使培训班后，正式成为一名光荣的"东亚区区域信使"。

如今的明明，自信而快乐，独立而坚强。2010 年 9 月，站在第五届全国特奥会青少年峰会论坛的舞台上，浑身散发着明星的"范儿"，耀眼夺目，他落落大方的表演征服了在场的每一位观众。

但是，在没有参加特奥之前，他绝对算得上是一个自卑、胆小的孩子，见到陌生人会紧张，出汗，不敢说话。正如明明自己所说："我非常热爱特奥运动，因为它改变了我。"是啊，作为他的指导老师，带他参加特奥运动员领

袖活动的这几年，每一次活动后给王艳杰最大的感受就是"变化"。

明明近几年参加了学校、区级、市级等很多次特奥活动，也获得了多块奖牌，成为了一个优秀的特奥运动员。在2007年和2010年的两次峰会论坛的录播中，他先后演唱了歌曲《奔跑》和《放飞梦想》。较第一次表现出的些许陌生感，第二次参加现场录播的明明，凭借着以往的经验，在舞台上表现得更加帅气：连贯的歌词，清晰的吐字，落落大方的舞台感，时不时与现场观众的互动，简直是一个大明星，酷酷的，征服了在场的所有观众。这样优秀的表现，正是特奥运动带给他的。

此外，在2007年的峰会上，在明明与特奥伙伴小飞一起完成东亚区苏老师交给的一些收集照片和新闻报道的工作过程中，不仅敢于大声表达自己的想法，还可以大胆地用简单的英文"hello/good morning/how are you/nice to meet you"与外宾打招呼，他给人的印象就是一个阳光、快乐的小男孩。

特奥让明明有了明显的变化，自信而快乐。全球青少年峰会让他变得更加自信与独立。特奥改变了明明的现在，必将会改变他的一生！这样的现场表演活动，是其他活动不能给予明明的，这必将是他今后生活的一个关键点。站在特奥这个平台上，他将被更多的人认识，被更多的人欣赏和接纳。

同样，在上海的特奥会上，见到的轮滑运动员、体操运动员、游泳运动员等，无论是黑皮肤、黄皮肤还是白皮肤，他们身上的那种胸有成竹、自信、快乐，都是在普通人身上难以找到的。特奥运动改变了很多像明明这样的人。

【专业名词释义】

特殊奥林匹克运动会与特奥领袖计划

特殊奥林匹克运动会（Special Oliympics），简称特奥会，是专门为智能低下、言语不清的神经和精神障碍患者甚至是生活不能自理的儿童举办的国际性运动竞赛活动。特奥运动项目非常丰富，从最基本的机能活动到最高级的竞赛，适合所有年龄和能力等级的特奥运动员。特奥会包括本地、国家、洲际和世界等不同级别。其中，世界特殊奥

运会每两年举办一届，夏季和冬季交替举行。到目前为止，国际特奥会共举办过13届夏季特殊奥运会、10届冬季特殊奥运会。2007年上海成功承办了第十二届世界夏季特殊奥运会。

国际特奥会的创始人是美国前总统约翰·肯尼迪的妹妹尤尼斯·肯尼迪·施莱佛（Eunice Kennedy Shriver）女士，现为该组织的名誉主席。现任主席是蒂姆·施莱佛（Timothy Shriver）先生。特奥会的使命是通过丰富多样的运动项目，为智障儿童和成人参与日常训练及竞赛创造条件和机会，使他们发挥潜能，勇敢表现，在参与中与家人、其他运动员及整个社区分享快乐、交流技艺、增进友谊。

特奥运动员领袖计划是特奥运动中的一项非体育比赛项目。它使特奥运动员在赛场上下均有机会获得积极的领导权，有机会以一种完全不同于传统的观念参与特奥运动，并传递着"勇敢尝试，争取胜利"的特奥精神。

【相关链接】

杨澜国际特奥全球形象大使新闻发布会在海淀培智学校隆重举行

2011年9月24日下午，"杨澜国际特殊奥林匹克全球形象大使新闻发布会暨国际特奥志愿者激励计划启动仪式"在海淀培智学校隆重举行，参加会议的有杨澜女士、国际特奥东亚区总经理顾抒航女士等相关领导。此次活动由海淀培智学校杨汉伦同学主持，他浑厚的嗓音，大方的举止受到了杨澜女士的当场肯定。杨女士此次到来，还给学生们带来了礼物表达对孩子们的关爱之情。在活动中她承诺将全力以赴在世界范围内推广特殊奥林匹克"平等、和谐、接纳"的理念，并倡导更多的有志之士共同加入，为全球智障人士打造一个更具包容性的美好社会。

足球，孩子们的最爱

众所周知，智障学生运动能力较差，如何让他们动起来，成为海淀培智体育教师们的头等大事，总要找到一个切入点，使学生们有所兴趣才行。2002年是韩日世界杯，也是我们国家队第一次打进世界杯32强。借着这个契机，学校大力宣传了足球这个项目。那时，体育老师给学生留了个作业，就是第二天能够说出比分和进球的队员的同学，可以得到老师的奖励。就这样，学校逐渐掀起了一波足球的热潮。

　　到现在，学校已经成立足球队，整齐的队服穿在身上非常漂亮，学生们也踢得有板有眼，看着他们在赛场上驰骋，当初训练的情景还会一一在脑海中呈现。

　　还记得那个叫小伟的自闭症小男孩，身体瘦瘦的，个子也不是很高，平日里脾气很大，行为非常刻板，遇到事情有一点儿变故，就接受不了。一次在课堂上不知何故发了脾气，影响了别的同学上课，老师只能带着他到操场上缓解情绪，这时候正好贾德刚老师带学生在上足球课，看到小伟在场边坐着，贾老师就问他："你过来和我们踢会儿球，玩会儿吧。""老师让我踢吗？我还在发脾气呢！"听到这样的回答，贾老师知道这个孩子肯定是想去踢球，就说："来吧，老师同意。"小伟看了看他的班主任，老师向他点点头。接触中，贾老师发现，虽说是孤独症，但是小伟的思维和接受力很强，踢球射门的动作虽然不规范，但是力度和角度还不错，日后多加磨炼和纠正一定会很好。于是，小伟的足球训练生活开始了。

　　"老、老师，你踢的球我怎么接不住呀？"

　　"因为你技术不好呀！"

　　"那、那我技术怎么才能好呀？"

"慢慢训练，就像吃饭一样，一点一点就好了。每天按照要求，好好练。"

"行、行吧。"

这是一段开始训练时贾老师和小伟的对话，小伟的说话方式是每句第一个字都会重复一遍。但他说得很认真，听得出来，他为自己的技术开始发愁了。

"老、老师，我最崇拜的球星是小罗，AC米兰昨天又赢了，还有北京国安下场对天津我得看看。"

"你能慢点儿说吗？分开说不行吗？"

"老、老师，你说我要是穿上小罗的鞋，是不是也能踢好了。"

"你做梦呢吧？"

"没、没有。我还得跑快点儿。"

这是一年前贾老师和小伟的一次对话，从前那个孤独症的小孩，现在可以跟老师主动说很多话了，有时候甚至会开两句玩笑，除了球技的增长外，性格的变化老师们也看在眼里。

每周二和周四进行训练，每次训练都能够看到小伟的身影，一个个留下汗水的背影，一双双踢坏的球鞋，证明着小伟的努力，现在小伟已经是学校足球队的正印前锋了，每场比赛都会有所收获。

岩岩，轻度智障，家庭条件不好，基本属于散养状态，做事容易冲动，经常因为些小事和同学起冲突，心地很善良，但是做事不计后果。刚来到足球队里训练的时候，大家的技术都不怎么好，由于岩岩身体条件好，能冲又能撞，所以马上就给人眼前一亮的感觉，成为几个老师眼中重点培养的对象。岩岩喜欢踢前锋，因为进球后会有很大的快感，随着训练时间的增加，别的同学的技术已经有了明显的增长，可是岩岩还是那个样子，除了场上依然勇猛的作风，失误和抱怨开始出现了。为此，有的同学给他起了个外号——"张一脚"，意思是说就一脚。足球是需要团队配合的，如果踢比赛，哪里有那么好的机会让你一脚射门呀。逐渐的，岩岩越踢就越没有自信了，场上也有了推搡和骂人的现象。这些都被贾老师看在了眼里，左思右想，计上心头。岩岩身体素质好，反应快，且臂展也长，不如利用他的优点进行改造，改变场上的位置踢守门员，应该是个不错的选择。但是前锋改踢守门员，让队员接受起来肯定是有困难的。

"岩岩，这么喜欢踢球，你喜欢哪个球星呀？"

"英扎吉、舍普琴科、劳尔，都喜欢。"果不其然，都是前锋的名字。

"知道卡恩吗？知道舒梅切尔吗？"

"不知道。"

"他们都是很有名的守门员，国际巨星。"

"好像知道。"

"知道一名好的守门员对球队意味着什么吗？"

"不知道。"

"意味着没有失球，或者少失球，那对比赛的影响是什么，知道吗？"

"不知道。"

"意味着就不会输掉比赛，就是胜利。"

沉默，交谈陷入沉默。

"下个月有北京市的特奥足球比赛，我想让你给咱们队守门，怎么样？知道疯子守门员伊基塔吗？他可是球队的队长，你想不想当队长？"

"想！"

"那我们试试？"

"行！"

没有意料中那么费尽周折，岩岩就这么被贾老师说动了，当然这和他的

特殊有关系，也可能是能够当队长吧。就这样，岩岩从前锋改踢守门员了，自己没事也看看比赛中守门员的表现，比赛中发挥了自己的身体优势，有些球的扑救真的很有水平。逐渐地，随着自信的提高，扑救的成功率也提高了，成了一个合格的守门员。在北京市的特奥足球比赛中，他和队友说的一句话贾老师至今记得："你们在前面好好踢，后面有我呢！"除了自信，还透露了自己的霸气。

就因为这次的比赛，岩岩被选入了北京市足球队，代表北京市参加全国

的比赛，位置是守门员，并且在上海的比赛中获得了第三名的好成绩。

　　一张张熟悉的面孔时常出现在老师们的脑海里，有的已经毕业了，有的还正在校上学，但无一例外，他们都通过足球运动改变了自己，老师们也从一次次的教学训练活动中感受到了很多。现在，德罗巴、阿内尔卡、小罗、小小罗，一个个足球巨星的名字，被海淀培智学校的学生们熟知。每一个课间，都有同学们在操场上踢球的身影，放学后也会看到学生们在操场上挥汗如雨地进行足球对抗，虽然他们的动作略显笨拙，但每一次踢出自己满意的球后，都会高兴地大笑，当别的同学踢出的球不好后，也会有善意的取笑，你能想象到他们是一群有智力障碍的学生吗？

【启示】

　　在足球运动中，他们不可能是跑得最快的，但他们是最努力的；他们不可能是踢得最准的，但他们是最用心的。给他们一个自由驰骋的空间，相信他们总会带给我们别样的惊喜。

他们用残缺帮助别人——特殊学生的工作故事

生活小老师，找寻他们的闪光点

　　不满 7 岁的昭昭是一年级的重度自闭症，他的表情总是处于迷茫状态，从来没有与人交流的意识，但偶尔也会有片刻的目光对视，他行为刻板，有鹦鹉学舌式的简单语言，不能独立参与群体活动和课堂教学，喜欢一个人玩玩具或者抖绳子，时常也会出现不良的情绪问题，很让家长和老师揪心。

　　生活老师州州的加入为大家解决了昭昭这个难题。州州自身是一名患高度近视加重度智障的学生，他除了喜欢收集各种照片、卡片、光盘等平时摆弄着玩之外，几乎没什么别的爱好，学校橱窗里经常缺失的照片，教师办公室里转眼就找不到的卡片、光盘，准能在州州的包里出现，作为在培智学校受教育十多年的老学生，州州除了能听懂简单指令、会读写自己的名字、具备简单的生活能力外，好像再也找不出别的特长了。

　　很偶然的一次，老师看到他特别喜欢小孩子，在路上看到有小朋友在玩，他总是忍不住冲上去拉拉他们的手，或者抱抱他们。尽管在别人眼中，他的行为很怪异，甚至会遭到排斥，但是他眼神中流露出来的喜爱丝毫无法掩饰。老师发现，他很喜欢孩子，更喜欢拉着小朋友的手玩儿。

州州被派到了昭昭班里当生活老师，昭昭在班里的情绪好像安静了很多。直到某个周五的早晨，州州由于家长有事晚到了一会儿，昭昭一进班就开始不停地哭闹折腾，怎么哄都没用。州州来了之后，昭昭一看到他，立马扑过去紧紧地抓住他，就像久别的亲人刚刚重逢，昭昭对州州的依赖远胜过对爸爸和妈妈的依赖！

州州的光芒终于被发现了！

事实上，州州和昭昭之间的依赖是相互的，州州也很喜欢陪伴昭昭的感觉。以此为增强物，州州身上多年的老毛病也得以克服，他开始变得爱干净了，不再到处收集照片、卡片、光盘了，课上他除了安静陪伴昭昭上课之外，课下还会无微不至地带昭昭上厕所、喝水、收拾书包，州州自身的能力也得到了很大的提高！

老师们安排到高年级的另外几名生活老师也像州州一样，运用自己的一些能力去帮助能力更差的低年级学生，逐步成了学校低中年级的一道亮丽风景！

【启示】

对于大龄智障学生来说，发现并充分发挥他们的优势，可以更好地促进他们适应社会。生活小老师这一岗位的设置，正是充分认识学生自身特点，针对他们的闪光点为他们提供一定的机会，让他们可以在自己喜欢并擅长的岗位上充分展示自己。他们向世人证明了，尽管他们是有残缺的，但是他们也能服务于别人，也能实现自身的价值。

整齐的图书会说话

最开始决定带自闭症患者尧尧去图书馆出于对他的职业发展分析，具有如下可行性优势：

①具有一定的认知基础；

②行为刻板，喜欢摆放有固定位置的物品；

③喜欢整洁安静的环境；

④对数字很敏感，尤其是听到某年某月某日时，能马上说出是星期几；

⑤记忆力强，能准确复述过去某年某月某日发生过的具体事情；

⑥性格温顺，没有令人困扰的情绪问题。

自闭症患者由于刻板行为，对事先布置好的程序化工作内容会很较真。比如，在尧尧开始图书馆工作之前，老师会把当天要进行的具体工作内容和工作要求布置给他并确认他已经接受了这种安排，再放手让他去干。这时会发现他会一丝不苟地严格按照这种布置进行工

作，就像给电脑输入程序一样，这个特点是常人难以企及的。

整理图书时，他随手就能把手边的图书排放整齐。尧尧随便从书架上拿本书或杂志阅览完后，都能准确无误地放归原处。尤其是进行期刊整理时，要求先将期刊按名称及年限分类摆放，并将上一年已整理完毕及有缺号的期刊分别在附纸上注明。再将本年度的期刊按期刊号顺序整理，最后将最新的刊号分别摆上阅览架，将最前几期刊号先做存架处理。自闭症患者的天生刻板性让他们可以把这些令常人感到头大的工作做得有条不紊，既快速又准确。

更令工作人员称奇的是 9 月 7 日下午的一次图书排架，按照分工，每人

负责查找一个书架的上下五层图书序号，要求按书架顺序逐排检查各层图书序号是否存在乱放、错放的现象，并调整过来。尧尧很快查阅完了自己的书架，就把目光盯在了相邻的书架上，负责该书架的工作人员边表扬尧尧干得快边吩咐他接着去查阅下一个书架，可尧尧还是执着地把几本插错的图书找了出来，并插放到合适的位置，这个举动很让那些专业人员佩服。

【启示】

刻板行为是自闭症患者的一大核心症状，在一定意义上说这是一种病症。但是谁又能想到这一异常行为能帮助他们完成常人不易完成的任务。但是，我们也必须认识到，自闭症患者无论从事什么工作，他们天生的沟通障碍和应变缺陷使得他们只能在某一块或某个环节占优势，而无法胜任某一项完整性工作。所以，在为他们提供工作机会的时候更需要有针对性的、及时有效的指导。

重新点燃的希望之火

他们有无限的潜能

每天下午是孩子们潜能康复时间。学校根据孩子的特点和能力，开设了绘画、音乐、手工、篮球、足球、葫芦丝、律动、器乐、舞蹈等十几个潜能康复小组，学生们根据自己的兴趣来选择相应的小组。于是，这样的画面每天都在海淀培智上演着。

他们都有一双灵巧的手

森森有着很大的情绪问题，在班里常常发脾气，长得膀大腰圆的他，时常会有攻击行为出现。这样的一个孩子，怎么能和精致的手工艺品联系在一起呢？

森森最喜欢的活动就是穿珠，每天最期盼的也是下午的穿珠时间。他能安安静静在桌前一直坐着，胖胖的小手摆弄着细细的线，非常灵活地在小小珠子间穿来穿去。对于像森森这样的自闭症孩子，穿珠对他的情绪稳定、精细活动都是一个很好的康复训练，他的刻板行为在这一刻也成了他的资本。

除了森森，学校里还有很多的孩子酷爱着穿珠，对他们来说，这样的成就感是谁也给不了的。

神奇的架子鼓

小江是个有自闭症的孩子，走在路上总是低着头，在他的眼睛里总会闪烁一丝忧郁，见到老师的时候，他会走过来拍拍老师的肩膀，来表达他的友好之情，却从来不说一句老师好。但是，一坐到架子鼓前面，小江就完全变了一个人，眼睛里焕发出的光芒随着架子鼓振奋人心的旋律散发出来。

每天下午，他都会用学校二层音乐教室的这架鼓，敲着张老师特地为他

写的《海淀培智是我家》《我是海培小雷锋》的旋律。张老师专门写了属于他的音乐歌词与旋律，在这样的旋律中，小江敲出了自信。他的节奏感或许是与生俱来的，在张老师的悉心指导下，他将这项天赋发挥出最大能量。同样，还有很多的孩子，有的没有语言，有的不与人沟通，但是他们一拿起那根小小的木棒，就似乎有了神奇的力量……

【启示】

这些潜能活动一方面对学生起到了康复训练的效果，另一方面让孩子们在这些自己感兴趣的活动中获得了成长，体验了快乐，也提高了他们的成就感。或许，这群遥远星球来的小星星还蕴藏着更多更大的能量，等待我们去挖掘，去帮他们活出本该灿烂的生命。

公园里放飞的梦想

第一次参加入队仪式，是在中关村一小。看着这里的孩子闪亮的眼睛和那眼睛里透出来的兴奋与期待，听着孩子们说着那清脆而坚定的誓词，张瑶老师的眼睛湿润了。她想到了自己的那群孩子们。他们能有这样的经历和感受吗？他们的入队又会是怎样呢？

加入中国少年先锋队，成为一名光荣的少先队员是每个孩子的梦想。而对于这群特殊的孩子来说，入队到底意味着什么呢？他们并不理解什么是少先队，他们更不理解一名少先队员的使命是什么，他们甚至不能顺顺利利地完成这样一个入队仪式。什么样的入队仪式是属于这群特殊孩子的呢？

一个阳光明媚的上午，张老师带着队旗，和班主任刘老师一起带着动作训练班的孩子们走出了学校，来到了海淀公园。在这里，将为这些孩子举行一个神圣的入队仪式。因为动作训练班的孩子情绪不够稳定，并且存在一定的行为问题，所以他们在学校的学习生活一直有父母或阿姨来陪同。今天的入队仪式也不例外，甚至有的家庭出现了"3+1"的局面，爸爸妈妈和阿姨全都来了。家长们是多希望孩子能有这样的体验和感受啊，都希望能陪着孩子走过人生中这样一个重要的时刻。

宣布名单、戴红领巾、呼号、发聘书、讲话，在家长和班主任的协助下，入队仪式有条不紊地进行着，比想象中要顺利很多。家长亲手为孩子们系上了红领巾，带着孩子在队旗前拍照留念，鲜艳的红领巾映红了孩子们那纯真的脸庞，也映红了爸爸妈妈那颗曾经受伤的心。很快，仪式进入到了游园环节。张老师和班主任事先为孩子们准备了风筝和泡泡，希望孩子们能好好地享受这个美好的上午。

爸爸妈妈带着孩子各自开始在公园里玩，有放风筝的，有吹泡泡的，尽情地跑着，笑着。贝贝爸爸拿出一支笔，一张心形纸条，在纸上写着什么。张老师走上前，只见贝贝爸爸在纸上写着"希望宝宝能早日康复，宝宝贝贝都能健康成长"。宝宝贝贝是对双胞胎兄弟，宝宝生病住院了，已经很久没来学校了。贝贝用稚嫩的小手在风筝上写下了自己的名字，尽管是那样歪歪扭扭。贝贝爸爸带着贝贝一起把风筝放上了天。这一天，贝贝的风筝是所有风筝里飞得最高最远的，张老师看到眼里，心也温暖了起来。或许，天空也感应到了孩子的心愿。孩子的愿望一定能实现。

【启示】

对于这群特殊的孩子来说，入队这一过程，最重要的不是让他们能明白什么是少先队员，而是让他们能在这个过程中感受到爱，感受到快乐。

这里的生活五彩斑斓

你行，我也行

从 2000 年开始，海淀培智学校就开展校内的小型运动会，由于孩子、家长对这项运动的喜爱以及学生在这项活动中获得的乐趣与发展，它逐渐成为学校的一个传统活动，也就是现在的特奥运动会。在特奥运动会中，有很多比赛项目，包括投篮、百步穿杨（投沙包）、足球射门、滚球、跳绳等。

如果你参与到这样的一个运动会中，你会有太多的感动。当你看到有的孩子手部肌肉力量很弱，但是仍用微微颤抖的手用力将球投向篮筐；当你看到有的孩子走路都不稳，但仍然在家长的搀扶下跑完全程；当你看到有的孩子视觉功能有问题，但是仍努力地瞄准铁架上的圆圈把沙包投进去；……他们虽然有缺陷，他们虽然无法像正常孩子一样在运动场上驰骋，但是当孩子们身体的残疾和他们的努力那么完整地呈现的时候，当他们用行动向世人证明"你行，我也行"的时候，每一个人看在眼里，心中都会有深深地触动。

【启 示】

通过特奥运动会，学生的体能得到了发展，同时创造了和谐的氛围。在参与的过程中，孩子们还逐渐产生出竞争意识和参与意识，体现出勇敢尝试、争取胜利的特奥精神。

舞台上的精彩

对于孩子们来说，六一儿童节是真真正正属于他们自己的节日。为了让孩子们能在舞台上展现出自己的风采，学校特地为他们组织了一场盛大的联欢活动。

活动开始前的一个月，各班已经在紧锣密鼓地准备了。由于孩子们能力受限，一个动作编排、一个简单的走位，都要经过几十遍的训练。班里为每个孩子都量身打造了属于自己的角色，哪怕只是一个亮相，哪怕只是一句简单的话，都是为了在这个属于他们的舞台上展现出自己。

六一儿童节庆祝活动如期开始了。孩子们舞台上尽情地歌唱、舞蹈，多彩的灯光照亮了孩子们兴奋的笑脸，欢快的音乐伴着孩子们幸福的起舞。

看，孩子们的《盛世龙腾》多有气势，楠楠手持鼓槌，伴随着雄壮的音

乐敲开了节日的欢乐，孩子们拿着船桨乘风破浪勇敢前行，将节日的欢腾发挥得淋漓尽致；听，小石头的快板打得多好，那首《玲珑塔》如此纯熟，他的语速越来越快，他的表情越来越生动，让人感叹他的非凡记忆，有谁会想到他是个有自闭症的孩子呢；还有脑瘫班的孩子们坐着轮椅、举着大旗走上了舞台。虽然这些孩子不能顺畅地行走、说话，但是他们也在努力地迈出人生重要的一步一步，一首《男儿当自强》唱出了他们心中的坚强。

【启示】

在这样不平常的庆祝活动中，孩子们的开心、家长们的满足、老师们的欣慰都融入了这浓浓的节日气氛里。给孩子这样一片天空，他们还给我们如此灿烂的世界。

义卖中孩子那收获的笑脸

北京师范大学的那次义卖活动出奇的顺利！

尽管初冬的阴雨一直冷冷地伴随始终，萧索的寒流无情地袭击着孩子们的身体，可流露在大家脸上的，却是按捺不住的兴奋与自豪！

从早上8点到下午3点，大家一直坚守着：物品管理组的4名同学不时紧盯着、清点着物品箱，交易组的两名同学有条不紊地帮顾客挑拣、包装、递送着，负责记账的两名同学熟练细心地登记着每一件售出的商品及数量，而管账的两名同学也在不停地收钱找零，叫卖组的3名学生干脆手持物品直接走到了便道上，大声向过往的行人推销开了：哥哥姐姐，叔叔阿姨，看一看，瞧一瞧！这是我们亲手做的珠艺品……

也就是从那一次开始，老师们对这些一直被严密保护在父母和老师羽翼

下的智障孩子们有了新的认识！那天活跃在大学校园里的他们，仪态得体、动作娴熟、吆喝自然、记账明确！更可贵的是那种反映在他们身上的负责、自信、合作及团队意识，是我们这些成人永远在普通学校里、在家庭中无法领略和体验到的！

　　胆小的奇奇就是在参加了几次义卖活动后锻炼得爱说爱笑了，他不但劳动积极工作主动了，也逐渐能接受别人的批评和评价了。以前的奇奇只要一

看别人不高兴了，就会吓得不敢吭声，如果听到别人说他一个不字，也会憋得满脸紫青，知情的家长和老师轻易不敢招惹他。

如今的奇奇让家长和老师大舒口气，他不但变活泼了，脸上还总是挂着一副平和灿烂的微笑，很感染人。

随后，海淀培智学校又组织了中国人民大学义卖活动以及社区学生作品展等活动。

【启示】

智障学生，同样需要成长的阳光、需要展示的舞台。走出去，社会就是一个大课堂，不同的环境绝对可以塑造学生不同的适应性。

各种比赛活动提高学生技能

为了发展学生的各项技能，学校每月都会围绕一项主题来开展学生活动。如劳动技能比赛，提高学生的劳动技能；课间操大赛，锻炼学生身体素质，提高学生运动意识；诗歌赛，提高学生语言能力，丰富学生的情感体验。

走出去，看看外面的精彩世界

为了丰富学生的情感体验，增加与社会的接触，学校每年都会组织孩子们走出学校感受大自然，感受外面世界不同的环境与文化。每年两次的出游活动，也成了孩子们最为期盼和向往的事情。

第三章

让特教教师发展专业的技能

培智学生作品

校长心语

爱是什么？爱是专业。我常对老师们说："你要是不专业，你连保姆都不如；你要是专业，你比医生都神圣。"智障教育不能给老师们带来金钱，却带来了劳累和艰难，但是在海淀培智，每位老师都有成为特教专家的希望。

我们面对的是发展中的儿童，他们有受教育的权利和需要，作为一名教师，就要不断探索教育教学方面的方式方法，提高教学技能与专业水平；同时，我们面对的也是带着疾病的儿童，他们有身心缺陷，作为一名特教教师，还要具备康复训练技能，为这些孩子说出人生第一个字、迈出人生第一步路去研究、探索。

我们时刻会面对智障儿童出现的种种问题：10以内的加减法几年都教不会；不管你怎么教字词学生就是不理解不会用；不管你怎么拼了命地想稳定他的情绪，他总是会比你更拼命地施展他的狂躁……学生的特殊性给我们带来了极大的挑战，在我们面前没有现成的模式可以借鉴，我们不得不在课程、康复、班级管理等方方面面提高自己。

智障教育是专业化的工作，海淀作为全国先进行列的科技区，海淀培智也必须是国内智障教育研究的前沿，走专业化的研究道路是我们唯一的出路。

/一/ 课改路上，一路前行

　　课堂是教师教学工作的主要阵地，课程是课堂教学工作的重要载体。培智教育发展到今天，仍然没有什么现成的课程可以借鉴，也没有固定的教材可供使用。对于这群特殊的学生来说，给他们一个什么样的课堂，教给他们什么样的课程，一直是我们努力探索的事情。课程改革路上的每一步都很艰难，在这个艰难的探索过程中，生活化教育顺应学生基本需要、多元课堂满足学生不同需求，同时也提高了教师自身的专业度。我们更加懂得了学生，更加懂得了特殊教育的真谛。

生活化教育的实践与探索

生活是个大课堂，时时处处有学问

　　对于智障学生来说，来自生活的可以直接感知的知识往往比较容易理解和掌握，培智学校的学生最终的教育目标是融入社会，适应社会，立足社会。因此，生活化教学应贯穿于整个教学过程中。

　　智障孩子的思维比较直观，联想能力较差。对他们来说，来自生活的可以直接感知的知识往往比较容易理解和掌握。因此，在教学中，让智障儿童走进生活，引导学生在实际场景中去体验，不仅可以帮助学生切实学习到生活技能，还能提高学生的认知水平。比如，在教授"红绿灯"这节课时，老师把十字路口的场景搬到了教室里。用彩色卡纸制作了红绿灯，用白粉笔在地面上画了斑马线。引导学生先通过图标认识红绿灯，了解红灯停、绿灯行。再认识斑马线，使学生理解过马路，行人要走斑马线等规则。多次模拟行走后，老师再把学生带到十字路口，让学生在实际场景中体验。先使学生识别路上的红绿灯、斑马线的位置，再一次强调红灯停、绿灯行和在斑马线上过马路等规则，最后带领学生通过路口。这样的教学，学生增强了交通法规意识和安全意识，为以后独立走向社会打下基础。

通过大量增加贴近生活的游戏式、活动式、情境式、体验式等易于学习的"生活化"课程，大大提高了学生的学习兴趣，使课堂有效参与率提高了，学生在学习生活中保持乐观向上的生活态度，较好地掌握了基本的文化科学知识和适应生活、社会以及自我服务的

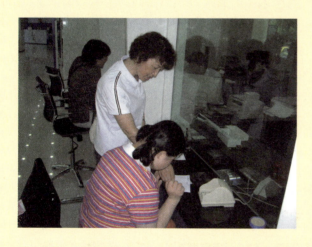

技能，逐步养成健康的行为习惯和生活方式，为成为适应社会发展的公民打下扎实的基础。

在课程改革的大背景之下，海淀培智学校也进行着一系列的教学改革，在校本教材的指导下，海培人运用新的教学理念和教学模式进行教学，并取得了一些效果。特别是该校生活化教育课堂，它们生动活泼，富有情趣，无处不体现一个"美"字。"美"影响着学生的情感，激活了学生思维，促进了学生的身心发展。

"人大走失"活动

五年级的全体同学穿着整齐的校服，戴着统一的小红帽，在两位老师的带领下，排队来到了中国人民大学。在这里，他们将一同参观美丽的大学校园。

曹燕老师却没有像往常一样时常看看后面的同学，也没有随时督促同学们要跟上队伍。

果然，不一会儿，欣欣和青青两名同学因为太注意周围漂亮的花草而落在了队伍后面。这时，有两个学生模样的人过来说要给他们两个人拍照。两名同学欣然同意，并且开心地和他们合影留念。直到同学们都继续向前看不见踪影了，这俩同学还浑然不觉……

接着，小郑同学因为走路比较慢，又没太注意同学们的方向而掉队了……

随后，小徐、明明、森森等同学都先后走失了……

他们走失后没多久，就分别有一些人靠近他们，并且和他们聊天，要请他们吃好吃的，他们面临着从未有过的"自由"和"危险"……
……

请别为他们担心！这只是五年级校外课堂的一部分。

五年级老师们以参观中国人民大学的名义带领孩子们到中国人民大学活动，活动安排看展览、参观校园、自由活动等项目，并且特意给孩子们自由。当那些自控性差的孩子"丢失"以后，便由指定的志愿者负责跟踪和暗中保护。志愿者在保证孩子安全的基础上，对学生面对走失情况时的反应、表现进行观察。对能力较强的孩子，进行更深入的考验，如面对陌生人的引诱、面对需要帮助的人等。活动结束后，组织志愿者到教室和同学们分享感受，同时老师进行更深入的安全教育。

通过这次活动，教师更深入地了解了孩子们在给予充分自由的情况下的种种反应，为以后的教育提供依据，孩子们体验到走失后的紧张感觉，志愿者们则在与孩子们更亲密的接触中了解了特殊孩子。

【启示】

为了锻炼学生独自上下学，老师们经过反复讨论和实践，把安全教育经过细化以后纳入课堂教学之中，尤其是针对陌生人的安全重要性，老师们进行大量的情境式教学设计并取得了一定的教学效果……正是基于这样的调查和研究，教师们在集思广益的基础上，共同确立了如下指导思想和教育教学目标：以适合学生的根本需求为着眼点，以期实现课程改革系统化、教学方式现代化、过程控制科学化、教学管理规范化，为教育教学质量的全面提升创造有利的条件。

帮助别人快乐自己

这节课的内容是《爱在人间》，上课伊始梁雪冰老师给每名学生发了一个眼罩和一个拐杖，让学生去拿物品。此时就有学生大喊："老师我什么也看不到！""我找不到！"……梁老师借机给学生朗读盲人写的散文——《站起来，走向太阳》，让学生感受盲人生活的艰辛。梁老师告诉同学们："在这个世界上不光是盲人生活艰辛，还有很多人的生活也是如此。"

为了让同学们有切身的感受，梁老师设计了一场特殊的比赛。比赛开始，同学们兵分两队进行"绑腿足球赛"。"赛场上"的同学们用尽全身的力量也无法踢到一脚球，但是却累得大汗淋淋、气喘吁吁！在这样的体验之后，梁老师引导学生在生活中要想办法来帮助需要帮助的人，因为他们的生活真的很艰辛，他们需要我们大家的帮助。

接下来，在同学们能理解的基础上，梁老师出示了一些图片：社会上为残疾人设的无障碍设施、搀扶老奶奶过马路等。梁老师继续和孩子们分享了一个新闻报道：捐助地震灾区的人们，为那里的人们带去关心和问候。看到同学们眼睛都亮亮的，梁老师拿出已经准备好的"爱在人间"的捐助箱，在音乐的渲染之下，同学们自发地捐出了自己的学习用品。

通过这样的环节，学生的情感与道德又提升了一个水平，从而达到了培养学生高尚情感的教育目的并使学生的个性得到健康的发展。

【启示】

对于情境教学，老师们采用表演和唱歌等活动，使学生在特定的气氛中主动积极地从事各项智力活动，潜移默化地进行学习并起到了以情启思、以思促情的教育效果。教育事业是一项崇高的社会公益事业，教师要追求每一个学生的生动、活泼、主动的发展，作为教师也应和学生共度生命的历程，共创人生的体验。另外，老师们在教学内容和形式上也进行了大胆的创新和及时的补充，在课程里有机地渗透了思想品德教育，在教学模式上实行体验教育、情感教育和情境教育，在教学活动中创设一种情感和认知互相促进的教学环境，让学生在轻松愉快的教学气氛中有效地获得知识的同时陶冶情感。

老师教你打电话

"铃……铃……铃……",老师的电话铃声响了,是小明的妈妈打来的 :"老师,今天早上小明发烧了,就不去上学了,但是他不会打电话,所以我代他

请个假。"针对这样的情况,梁老师决定将怎样打电话这样的实用技能教给这些特殊的孩子,希望他们在自己需要的时候也可以使用电话。

在课堂上,梁老师出示"小明病了"的图片,老师告诉同学们,小明想向老师请假可是自己不会打电话,请同学们帮助小明打电话。首先,梁老师让同学们以小组的形式,先学怎样拨打电话。有的说 :"拿起电话听到"嘟嘟嘟"的声音时开始拨号。"有的说 :"不对,先拨号。"到底怎么办呢? 梁老师将学生们带到了电话机旁,以小组的形式尝试给自己的妈妈打电话,并将正确的做法记录下来。然后进行下一步的训练——拨号。"同学们,你们知道吗? 拨号也是有时间限制的,如果我们拨号的时间过长,对方就接不到你的电话了。"梁老师告诉同学们。由于智障学生大部分手指不是很灵活,梁老师就把电话机"放大了",在多媒体课件上练习拨号。这种直观的方式很受学生们的欢迎,经过多次的练习,学生可以分组在电话机上操作了。

在完成拨号操作之后,就要对学生进行语言训练了。梁老师安排学生利用固定的句式练习各种电话礼貌用语及常用的语言描述。当然这样的练习只在课堂上进行是远远不够的,还需要家长的配合,多给学生日常练习的机会。现在班级里的大部分学生都能够利用电话与家人进行交流了。最让梁老师感动的一次,是在她生日的时候接到了学生的电话,祝她生日快乐。尽管语言含糊不清,但是她依然听得懂,依然感受到了孩子的真诚,依然让她无比的温暖。

【启 示】

　　教材本身作为一种静态的教学工具，虽然在教学过程中居于重要的地位，但是它毕竟无法体现教学活动的全部过程，尤其是无法体现动态教学过程中师生双边活动的生动性、灵活性及创新性。创新是事物发展的内在动力。为了使教学活动更加适应学生整体和个体的需要，老师们特别注重挖掘教材内容，力争在教学重点的把握和教学难点的突破等方面实施创新。教学活动的创新包括教学方法创新、教学方式创新、师生双边互动设计创新及教学模式创新等诸多方面。

小游戏中的惊奇发现

　　又是单元活动的时间了，今天李老师班上讲解的内容是：交通安全——十字路口。通常，梁老师都是将孩子们分为 3 组，每一组中都有孩子强弱搭档。她希望能力强的孩子能够以强带弱。于是梁老师安排了 7 名能力较弱的孩子在一起，首先为他们用大型积木搭建了一个十字路口的简单造型。梁老师对

他们的要求是："请把老师的十字路口变长，并在它的周围搭建房屋等建筑。"对于其他几组同学，她并没有提供任何模型，只是提出要求："组员合作，各有分工，一起搭出一个丰富多彩的十字路口。"

活动开始了，梁老师并不着急引导能力较弱的那一组同学，而是去观察其他组的同学，没过多久她就发现，孩子们模糊地搭出了"井"字形、三岔路口等造型，有一组同学甚至分裂成两小组。这几个小组无论怎么样就是搭不出正确的十字路口初步的造型。梁老师打算重新集中分组，却惊奇发现，能力较弱的那组小朋友不仅丰富了十字路口的内容，把它变得更长，而且在此基础上，他们已经搭建完成了第二个十字路口。甚至，患自闭症的几个学生还在为两边马路的对齐而调整。

梁老师认识到，对于能力弱的学生或是患自闭症的学生，使用的教材是正确的，游戏教学的方式也选对了，他们就能在模仿的基础上掌握基本的技能。合作游戏的分层教学调动了学生的积极性，也让他们更爱学习了。

【启示】

古人云：因地制宜，因势利导。其意思是要善于根据条件的变化采取不同的方法。如果把这个道理应用于教学领域，其实质上就是要求老师能区分学生整体需要和个别需求的差别，在教学活动中实施分层施教、分类指导。学校大部分课程都是由分层教学、分工合作来实现教学的小组合作学习方式，每个班级的教学活动都是以小组为单位来开展的，老师们大胆运用小组探究式教学模式，积极调动一切可调动的因素服务于课堂，使学生真正成为课堂的"主体"。实施了"合作教育"和"小组探究式学习方式"后学生的个性得到了发展，学生的语言表达能力有了不同程度的提高，学生的创造力有了可发展的空间，在这样的学习过程和教学形式当中，学生的思维被激活了，学生的积极性被调动起来了，学生发现问题、分析问题、解决问题的能力提高了。

情境模拟，看到"别样"的他们

"春天你好，春姑娘迈着轻盈的步伐来了，空中的小鸟在自由飞翔，河里的冰融化了，杜鹃花开，燕子回来，小草发芽，山峰变绿……"头戴"长发"的欣欣，迈着轻盈的步伐，面带微笑地向老师和同学们走来。梁老师的眼眶湿润了：“欣欣没有语言呀，虽然懂得老师的话，但是表达不出来，为什么今天竟然会有这样出色的表演呢?”再回头看其他学生，各个神采奕奕等待自己出场的那一刻……她从来没有看到孩子们这样投入过，因为课上的时候，他们喜欢乱动、喜欢睡觉、喜欢离开座位乱跑、会出现很多怪异的行为。也许是过于拘谨的课堂不适合孩子们吧，为了使教学更加生动有趣，梁雪冰老师就大胆创设各种情境给学生们带来快乐，同时将知识融入情境中，也就是将所要讲授的知识以情境表演的形式展示出来，并用一个与所讲授的知识相一致的主题贯穿整个故事情节。他们喜欢这样的教学形式，他们可以各有角色，分工不同，在舞台上尽情地展现自己。

为了锻炼学生的生活适应能力，老师们在集思广益的基础上进行充分酝酿，决定在校园内开展社区实景训练。老师们在校园中创设了很多社区情境，如超市、电影院、餐馆、棋牌室、照相馆等活动场所，让学生根据自身的需要去活动，活动请家长共同参与，并配合老师完成相应的教学目标。

在“超市门口”，梁老师看到了这样一幕：菲菲对阿姨（生活老师）说，“您还没有找我钱呢”。这个学生原来到超市购物的时候扔下钱就走，不管买的是什么商品，不管这个商品需要多少钱，经常被超市工作人员拦住。今天，他知道要等待“售货员”找他钱，天呀!这是一个多么大的进步啊。

【启示】

辩证唯物主义的认知理论告诉我们：要使感性认识上升到理性认识的高度，就必须经过从理论到实践、从实践到理论的多次反复才能实现。我们面临的教育教学对象虽然是智障群体，其认知的事物虽然也只局限在诸如情感、生活基本技能、社会基本适应性训练等一些基本水平，但是其认知过程终究逃脱不了客观规律的制约。为了在课堂教学以外给学生营造更多的实践机会，为了使学生的认知水平达到"新"的高度，要特别注重在有关实践活动中激发学生的思维、开发学生的内在潜能，从而达到提高学生实践能力的目的。

多元课堂续写课改新篇章

新时期的自闭症康复课程

历史的车轮碾过 1998、1999 年，眨眼间 21 世纪将揭开神秘的面纱，伴随着喜悦的心情同时呈现在海淀培智教师面前的还有 21 世纪特教工作者义不容辞的历史使命。1998、1999 年只是零星出现的孤独症儿童，在 21 世纪似乎来了一次集中大爆发，所有特教人面对这突如其来的孤独症大潮不知所措。全国各地的孤独症儿童父母抛家舍业来到首都北京寻找康复的希望。可是，迎接他们的却是一次次的拒绝和一次次的失望，还有就是亲人的不理解和社

会上冷漠的目光。

面对着这样的父母、这样的孩子和这样的家庭，海淀培智教师义无反顾地担起了历史的使命，决定开展孤独症及其他智力残疾儿童的早期康复干预工作。

总结过往零星经验，海淀培智教师们大胆尝试以大运动为切入点的综合康复训练。操场上，家长在老师的指导下带着孤独症儿童跑步、拍球、接球、跳床，他们挥汗如雨却没有一句怨言；感统教室里，家长和老师齐心协力带着孤独症儿童滑滑板、四肢爬、做"模式"，他们弯下腰看到的却是希望；个训室里是老师和孩子一对一的个别训练，个训室外却是家长紧贴在门上的耳朵。当然，教室里还有老师、家长和孩子们组成的特殊课堂——陪着孩子一起上课——学穿珠、学撕纸、学颜色、学形状。这些最最简单的事情，却难坏了孩子，难坏了家长，同样也难坏了我们每一位教师。

繁重的康复训练让孩子们没有时间享受童年的快乐，禁锢了孩子与家长。很多孩子都是在学校附近租住，有些孩子甚至没有坐过公交车，他们睁眼就是两点一线的训练，放学回家就是和家长重复白天的训练内容。家长和孩子的生活枯燥而乏味，仿佛生活的目的就是训练，除此无他！考虑到这些，老师们就组织家长一起远足海淀公园、坐公交车去动物园、爬香山、游百望山森林公园。活动开始家长纷纷表示怀疑，"我们从来没带孩子坐过公交车""我们孩子从来没走过那么远的路""那么高的山，我们肯定爬不上去"。面对家长的种种担忧，老师们积极地安慰鼓励他们相信孩子一定可以做到。当家长带着孩子们漫步在海淀公园，当我们一起在山顶做着校园里的游戏的时候，看着他们会心的微笑，老师们也同样感受到了幸福的温度。这一刻，孩子们和家长偷得浮生半日闲，暂时忘却烦恼和伤心，尽情享受着生活与亲情！

通过不懈的努力，看着孩子一天天的变化和家长久违的笑脸，海淀培智老师们也如释重负。那时，他们还不知道，这一刻的尝试注定会被载入特教工作者史册，因为这是北京市最早的孤独症康复的开始，同时，也开创了北京市智力残疾康复工作的先河。

【启示】

经过不断的探索与总结，海淀培智教师们形成了一整套独到的智力残疾康复指导方法，赢得了社会和家长的好评，有近百名智力残疾人士曾在同一时间接受康复指导，累计近千人次智力儿童和家长接受康复指导，遍及二十多个省市。海淀培智教师的这种尝试同时推动了北京市乃至全国智力残疾康复工作的发展，各地智力残疾康复机构如雨后春笋般陆续成立。

一个人的课堂

面对智力障碍儿童，海淀培智教师们创造性地运用 ABA（行为分析训练法）的一些方法和理论，结合学校具体实际情况，实践有海淀培智特色的一对一个别教育方法——这一方法至今仍被许多培智学校和训练机构所采用。

10 平方米不到的小屋，一张桌子，两把椅子，一高一矮，高的孩子坐，矮的老师坐，以便孩子可以和老师目光平视。另外，再加上一个小筐，筐里有吃的，有玩具，有卡片，有图书……当然，更少不了卫生纸——利用卫生纸在一节课上使用的数量来衡量孩子的进步情况。为了不分散孩子们很难集中的注意力，这个屋子用家徒四壁来形容一点儿也不为过，关上门自成天地——这就是海淀培智教师特殊的教室，属于一个人的课堂。

每一次，家长准时把孩子带到这里，千叮咛万嘱咐，"轩轩，听话别哭，跟老师好好学，妈妈就在外面等着你"。老师从家长手中接过毫无反应的孩子，轻轻关上木门，对家长而言，薄薄的一扇木门仿佛将自己和孩子隔绝成了两个世界，短短的 30 分钟充满了无尽的等待！

"漫长"的等待终于在薄木门被打开的那一刹那终结，透过窗子洒下的阳光也仿佛一下子变得灵动了起来。家长期盼的眼神伴着孩子懵懂的目光，交织成一幅让人心碎的画面。"老师，今天我们家孩子表现如何？"家长一边

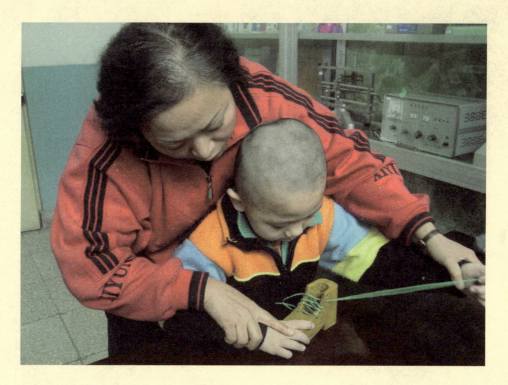

拉着孩子的小手，一边连忙焦急地问道。其实，他们在门外听得清清楚楚，只是想从老师口中得到一个肯定的答案。不懈的努力，漫长的坚持，成百上千次的语言训练，一句简单的"爸爸、妈妈"让家长热泪盈眶！

　　这样的场景在校园中时时上演，年年如此，轮回往复，仿佛梦一样萦绕在海淀培智老师们周围，挥之不去。一个人的等待，一个人的坚守，一个人的课堂，浓缩了海淀培智教师对特殊孩子特殊的关爱；一个人的执着，一个人的守护，一个人的教室，凝聚了海淀培智教师对特教事业无尽的坚持！——这就是一个人的课堂，精彩又无奈！

【启示】

　　学生的个体需求差异很大，在集体教学中难以获得显著的进步。针对这些有特殊需求的学生，海淀培智学校设置个训课，由教师进行一对一的个别指导与训练，这就是海淀培智校园中一个人的小课堂。教师必须掌握个别训练领域里的专业知识，才能对学生进行深入且有效的指导，这对教师提出了更高的要求。

家长带着孩子一起上学

面对无数充满殷殷期盼的家长，我们茫然不知所措；面对孩子游离的眼神、空洞的目光和呆板的表情，我们心如刀绞。有些孩子情绪和行为问题严重，为了让他们更好地在课堂上接受教育，海淀培智老师们有了一个大胆的设想——让家长带着孩子一起上学！

"上课！""起立！""同学们，好——！""老师，好——！""请坐！"这样耳熟能详的问候语，如果这些是从三四十岁，甚至五六十岁的人口中说出来，相信每一个人都会感到诧异，甚至是震惊！但是，这一幕确实是天天在海淀培智的校园里上演着。

每节课，师生问好是必不可少的环节，但是很多特殊学生甚至连发音都不会，更无法与人用口语进行交流。于是，海淀培智老师们把学生家长请进课堂，让他们和学生一起上课。因此，就有了上面的一幕。

老师说："上课！"一位家长用手替孩子摆出口型，并自己说："起立！"接下来，老师说："同学们，好——！"所有家长会一起用手替孩子摆口型，说："老师，好——！"并且，每一位家长都带着自己的孩子站起来鞠躬。等到老师说"请坐"，家长们才带着孩子一起坐下。每节课上海淀培智老师们都要分饰多重角色，一会儿是孩子们的老师，以老师的口吻给孩子们上课；一会儿是家长们的老师，指导家长如何在课堂上帮助孩子完成老师的任务；一会儿是心理疏导员，当孩子们不能完成任务，家长责罚孩子的时候，疏导家长情绪。整堂课上家长饰演学生，孩子们则像提线木偶一样在前台表演。"木偶"表演得精彩，家长满心欢喜；表演得差强人意的，家长心中充满失落；表演得糟糕透顶的，家长则是大发雷霆。总之，一节课就好像是一场"话剧"——不同的人在其中饰演着不同的角色，不同的角色体验着不同的情感！

每当看到这样一幕幕"话剧"的上演，老师们心中都充满辛酸。更加体会到肩负的不仅仅是传道、授业、解惑，更是对社会的责任！《背着父亲一起上学》曾感动了万千影迷，如果把在海淀培智每天上演的一幕幕"话剧"搬上银幕，相信《带着孩子一起上学》同样会感动万千影迷，甚至会感动一个时代！

【启示】

　　由于这些学生的情绪和行为问题，他们无法融入教学班中接受教育。为了能探索更适合这些孩子的教育方式，海培人大胆创新，让家长陪学生一起上课，和学生一起训练。在这样的课堂上，既能保障正常的教学秩序，也能让家长掌握更多的训练方法，让他们回到家中也能对学生进行更好的指导。

永远的汇报课

　　海淀培智教师大胆将家长请进课堂，这无疑给老师带来了前所未有的巨大压力。面对懵懂的孩子和审视的家长，所有老师必须全情投入，教学内容既要符合儿童需要，又要满足家长需求。教学过程不仅要调动孩子的参与意识，还要调动家长的主动性。老师们从见到第一位家长和孩子起，一直到最后一位家长和孩子离开，把每时每刻都作为课堂，把每一天从头到尾都作为汇报课，展示给所有的家长和孩子。

　　每天早上，老师们很早就来到教室，将教室精心整理，等待家长和孩子们的到来。见到孩子老师总会蹲下身子，拉着孩子的小手，面带微笑，默默注视着孩子迷离的双眼，等待孩子哪怕一秒钟的眼神交流，然后轻声问好，

抱一抱、亲一亲，再跟家长打声招呼。每一个孩子都是如此，无论春夏秋冬，无论风霜雨雪，日复一日，年复一年，老师们默默守望着自己的执着，等待着孩子们的回应。

上课时，老师们根据每一个孩子的个别教育计划，精心准备上课内容。同时，还要把不同孩子的上课内容巧妙组合，形成一个整体呈现给挑剔的家长们。不仅如此，老师们还要公平分配课堂辅导时间，不冷落任何一个孩子和任何一位家长，使每一个孩子和家长都能感受到老师对他们的尊重和平等，不因他们的身份、地位、相貌而有所不同。

每节课间，老师们都要把不同孩子拉到自己身边，放在腿上抱一抱、亲一亲，和孩子的家长聊聊家常，说说孩子的进步和回家应该注意的一些问题。一天工作结束后，还要好好回想一下，是否所有的孩子都抱过了，是否所有的家长都聊过了。如果落下了哪个孩子和家长，第二天一定会补上。其实，孩子和家长在乎的不是抱一抱、亲一亲和聊一会儿，他们更在乎的是老师们对自己孩子的态度，是否把自己的孩子放在心中！饱经沧桑的特殊孩子的家长脆弱的心理使他们很敏感，很容易受伤！

放学回家时，老师们组织孩子们排好队伍，所有家长在孩子的左侧拉着孩子的手，排着整齐的队伍来到学校大门口。老师蹲下身子，拉着孩子的小手，面带微笑和每一位孩子挥手再见，同时不忘叮嘱旁边的家长路上小心注意安全。老师们会站在校门口，目送所有的孩子和家长消失在自己的视线中，然后，才会转身回到学校，整理被孩子们弄得满目疮痍的教室。伴着夕阳的余晖，一天结束了，同时也预示着新的一天即将到来。

日复一日的重复，年复一年的轮回，海淀培智教师们默默守望着自己的执着与追求，看花谢花开，看日升日落！

【启示】

在家长期待的眼神中，教师必须注意自己教学的每一个环节，不能有一丝的懈怠与差错。这对教师提出了很高的要求，无疑会给老师带来很大的压力，但同时也是巨大的动力，让教师能更严谨地面对每一堂课、每一个学生，努力提高自己的能力，让自己在这一双双期盼的眼睛中更加游刃有余地开展每一次教学活动。

课改成果硕果累累

"非典"那段永不忘却的记忆

2003年5月，北京，"非典"依然肆虐。

不知不觉已经封校十几天了，校园里分外安静，到处充斥着过氧乙酸的味道。这是一场灾难，突如其来，但对于天天面对特殊孩子无暇他顾的海淀培智教师来说，何尝不是一个契机呢？

老师们每日忙忙碌碌地教育教学，层出不穷的学生状况，还有家长的殷殷期盼，这一切让所有海淀培智教师没有时间停下忙碌的脚步。此刻，倒可以好好总结一下工作中的得与失，好好梳理一下多年来积累下的经验与教训。停课几个月，老师们没有因为停课而放松下来，而是坚持天天来校。他们决定创造一项全国纪录——由一线特教教师编写一整套培智学校校本教材。

五、六月的北京，天已经格外热。老师们以年级组为单位，有的组的教师坐在教学楼前的树荫下，有的组的教师坐在楼道旁，有的组的教师干脆席地而坐，手中拿着纸笔不停地记录着，不时还要停下笔来用手中的纸挥动三两下以驱走炎热的暑气，然后又赶紧低下头，忙碌地在纸上做着记录。老师们的额头、鬓角早已被汗水浸湿，汗水流到了眼角，用浸满汗水的毛巾蘸一下，以免流进眼中耽误了记录，所有海淀培智教师汗透衬衫，身下坐过的地方都会留下一个个的印迹。

不仅如此，在休息间隔老师们还要抓紧时间，每天抽空通过电话、网络联系家长了解学生在家的情况，虽然师生间身体的距离因为"非典"肆虐不得不暂时拉开，但是所有海淀培智教师和学生与家长的心却因为"非典"离得更近了。

经过海淀培智全体教职员工不懈的努力和辛勤的付出，一本本凝聚着关爱与责任的校本教材新鲜出炉。面对着第一套由一线特教教师编写的全国培智学校校本教材，所有海淀培智教职员工的脸上都洋溢着欣慰的笑容，所有海淀培智教师的眼中都充满了幸福的泪花。喜悦与辛劳，痛苦与欣慰齐涌心田！

海淀培智所有教职员工不会忘记校本教材新鲜出炉的时刻，这一刻将永远镌刻在海淀培智所有教职员工的心间，成为一代代海淀培智人的引路灯。这套校本教材是一个骄傲，因为它凝聚了太多太多的希望。同时，这套校本教材也是一段永远也不能忘却的记忆，因为它凝聚了太多太多的艰辛。当然，这套校本教材更是一个见证，因为它必将在过去、现在和未来见证一代代海淀培智人为了特殊孩子付出的努力与艰辛，见证一代代特教工作者为特教事业进行的探索和发现！

【相关链接】

校本教材研讨会

2004 年 5 月 12 日，学校在教委领导的支持下，第一次以学校的一线教师为主要讲师召开了培智学校校本教材研讨会。负责此项工作的王红霞主任对教材做了详细的介绍，课程改革的主力教师张俊贤、杜丽平、蒋立庆、王桂香做了专题发言，介绍本年级段的课程设施与实施情况。会议邀请了教育部基教二司特教处谢敬仁处长、北京市残联王长红处长、海淀教委小教科张凤华科长等领导出席了本次研讨会，特教界的元老辽宁师范大学张宁生教授到会发言，并作了专家点评，对本教材给予了高度评价。

多元化课程评估系统的探索之路

早在 1998 年，海淀培智中心学校在参考美国智能障碍协会 1992 年智障新定义的基础上，结合台湾地区双溪启智文教基金会的"心智障碍儿童个别化教育课程"，编制了"智障儿童个别化教育评估表"。经过几年的修订，为

每个学生编制了《海淀培智中心学校学生评价手册》。评价手册包括学生自然情况调查表、身体发育情况调查表、家长教育子女情况调查表、学生家庭教育文化人际关系环境调查表、个别教育计划表、长短期目标、教育教学评语和智障儿童个别化教育评估表等。

2004年5月，我校自主研发的评估软件《伟思童学生综合评估系统》1.0版由万方数据电子出版社正式出版发行。本研究成果获北京市海淀区"教育科研创新成果奖"。该软件的显著特色在于开发了界面美观、方便使用的课程目标评估体系，便于教师使用，而且可以做多种直观的教学需求与效果分析，有助于教师提出适合儿童需求的教学目标，展示教学效果。评量方法：每个领域分为4级评估细目，由概括到具体，由宏观到微观。整个评估表共有评估细目1300多项，基本上涵盖了智障学生各方面的能力指标。

下图为软件统计出的十大领域饼图。在《伟思童学生综合评估系统》研发之前，该饼图是由教师根据对学生的评价结果进行手绘得到的。该饼图很直观地展现出学生在十大领域（适应性学科、沟通、社交技能、自我管理、使用社区、健康教育、休闲娱乐、居家生活、工作、自我照顾）上的发展情况。

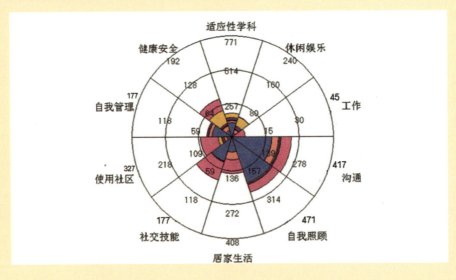

　　此系统不仅能观察到学生目前的水平，而且可以观察到学生纵向的发展趋势。以"使用社区领域"饼图为例，可以看到该生目前在交通能力方面较好，而在参加社区服务并获得服务方面能力欠缺。同时参照"使用社区领域发展侧面图"，我们可以看出该生在使用社区各个维度上的发展情况。

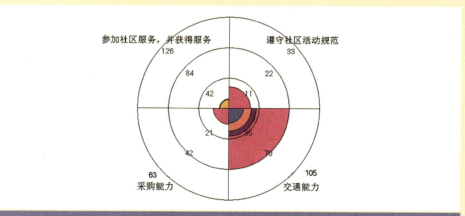

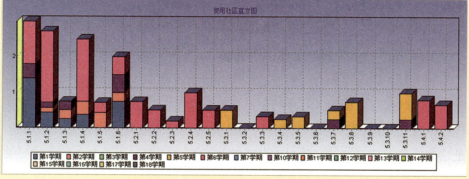

【相关链接】

评估系统的推广应用

　　2006年5月，在海培召开了全国课程改革与校本教材开发研讨会，介绍了海淀培智学校开发的系列教材和学生练习，得到了全国各地与会代表们的瞩目与好评。自此，学校课程改革的成果被大家接受与认可。自2004年正式出版以来，全国已有28个省的67所特殊教育学校、幼儿园、资源教室以及普通教育学校使用了此评估系统。

/二/ 让康复和教育在这里结合

有的孩子，来到世上十几年，爸爸妈妈却从来没听过他的声音；有的孩子，已经长到高高大大，却从来都无法自己站立行走；有的孩子，心理封闭，恐慌交往，自己一个人在角落里默默玩纸……我们面对的孩子症状越来越重，单纯的教学活动已经无法让这些孩子在教育中获益。幸运的是，特殊教育并不是一个人在战斗，康复医学的介入为这些孩子们带来了福音。有老师，教会他们开口叫爸爸、妈妈；有老师，教会他们翻身、坐稳、爬行、独立站立行走；有老师，帮助他们表达内心想法，驱赶心中的恐慌……

语言康复，打开心与心相连的天窗

从 "ma" "ao" 到简单叠词的转变

语言的色彩在于沟通。当看着那些有情绪问题、行为问题的特殊儿童时，我们有些茫然，我们知道孩子的无助。我们茫然是因我们不理解他们要表达什么，我们知道孩子无助是因他们无法表达自己的意愿。没有有效的沟通，是这些折翼天使，是这些星星的孩子和我们产生障碍，不能融入社会的重要因素。因此为了架通连接两个世界的桥梁，我们共同奋斗在语言训练的一线。

第一次看到澳澳，觉得这个 3 岁无语言的小豆丁一样的孩子真可爱。课前一周就已将他的基本资料拿到，仔细翻阅后带着问题与期望开始了语言训练前期工作。

第一节课 无视老师的存在

紫翠红老师和孙萍老师一起为澳澳做了语言评估。有妈妈一直陪在身边，所以这个小家伙肆无忌惮地翻着个训室内他所能触及的东西，而且没有表现出一点儿的怯意，似乎这里所有的一切都是他的。而坐在一边观察的老师，形同空气。

老师们没有强求澳澳能坐下来一一做测试，而是设计了测试游戏，故意放开声音，使用夸张的表情和语气来吸引他的注意力，但这一切似乎都是无效的。

第二节课 伤心的一天

这一节课妈妈并没有陪着澳澳一起上，而是将孩子送到个训室门口就离开了。澳澳开心地迈进个训室后回头一看妈妈不在，开始焦虑并放声大哭，用那有力的小手拧转着门把手。见澳澳如此歇斯底里地痛哭，孙萍老师让妈妈和他做了一个门里门外的游戏。一会儿妈妈会拿着手偶出现在玻璃窗外，一会儿只有手偶出现在玻璃窗外，渐渐的，妈妈换成了老师。当他发现但还未来得及哭时，老师将他抱在怀里，"我知道你好想妈妈陪在你身边，你看这，当它到这里的时候妈妈就回来接你。"他从那肉肉的小手缝里偷偷观察着老师，此时，老师与他玩起了"悄悄看"的游戏，在断断续续的"哼哼"声中，完成了部分测评。

第三节课 老师可以坐在你旁边吗

澳澳似乎知道了"个训室"与"妈妈离开"的关系，第三节课走到门口只象征性地哭了几声。

"妈妈就在门外看着你，等时间一到，妈妈会马上来接你好不好？"

哭声没了，肉肉的小手在脸上抹了抹，像只可爱的小狮子。

"我可以坐在你旁边吗？"老师搬着小椅子蹲下来看着他。他并没有理睬。

于是老师搬着小椅子坐在了离他稍远的位置，与4只毛绒玩具开始玩起了游戏。夸张的表情、语调、动作，渐渐吸引了小澳澳。

"我可以坐在你旁边，一起玩游戏吗？"老师一边说一边向他靠近。他的一只小手迅速抓起桌子上的小喇叭和彩带。老师的脸上流露出了欣慰的笑容——他开始接受了。下课时，完整的测评工作结束。

第四节课 互动

根据测评结果，老师制作了个别教育计划。这一节课老师为澳澳设计了小游戏"动物们的惊讶"。从元音及小澳澳现有的发音开始引导发音。

课堂的前十几分钟并没有听到他发出一点儿声音，他只是静静地坐在那里看着老师或者有些焦虑地在个训室转。忽然他走到老师面前，伸出短短的手指，指着小猫，嘟着小嘴对老师说"ao"。老师惊喜地竖起拇指，将嘴型放慢，将音节发得清晰。澳澳明白老师在表扬自己，开心地又说了一遍"ao"，老师亲了他的小脸。"ao、ao、ao"，边说边指着小猫。小澳澳的声母发音基本没有，但是恰好他会发"妈妈"音节，因此"mao"对于小澳澳来讲就是最易诱导出来的音节。

利用这一点以及小澳澳与老师互动的出现，教学活动的切入点由此展开。

第七节课 主动的交流

老师拉着澳澳的小手走进了个训室，他自己迈着大步走向小椅子，然后搬起椅子，吃力地向门走去。老师站在那里静静地看着，只见他哐当一声，把小椅子用力靠在门上，自己一屁股坐下，左右看了看，他似乎在想什么。他站起来又去搬了一把小椅子，放在了他的小椅子对面。

他笑呵呵地走到老师

面前，歪着小脑袋，把老师拉到椅子旁边。自己先坐在小椅子上，然后手用力地拍着另一把椅子。老师此时的心情，怎么能用惊喜、开心、感动等简单的词语来表达呢！

老师微笑着坐在澳澳为她准备的小椅子上，用双手抱着小澳澳的头，轻轻地亲了一下他的额头。并用简短的"谢谢澳澳""好"来给予语言上的反馈。

第十一节课 小组课的开始

澳澳进到个训室还是像往常一样搬椅子。他停住了，意外发现有个比他高比他大的哥哥在个训室里站着，他歪着头，"ou?"老师明白他的疑惑，蹲下来对他解释，"这是小哥哥，陪你一起来做游戏，好不好？""ao"，边说边摇着小脑袋。由于澳澳的互动越来越多，但是一些行为、动作是需要由同样角色的孩子来带

动、示范的，所以从这节课开始，老师安排了澳澳和小哥哥上两人小组课。

从上课的问好——"好"，到下课的起立告别——"拜"，从动作到指令，老师安排的小哥哥按着老师的示意做出示范，澳澳认真地看着哥哥，然后主动模仿。

第十四节课 主宰课堂

澳澳走进个训室，直奔小椅子走过去，一共搬了3把椅子，两把靠着门，是给自己和小哥哥坐的，还有一把放在对面，是给老师准备的。他坐好后，觉得少了些东西，马上跳下来，走到红色的小桌子面前，用力推着，推到老师面前后得意地笑了笑，在自己的小椅子上左右晃晃坐好了。

　　"可以上课了吗？"他笑了笑。"上课，起立！"老师鞠躬并用简单的"好"字与他和小哥哥问好。澳澳拉着小哥哥的手站起来，鞠躬向老师说"好"。此时的澳澳，"h"发音还不是很清楚。我们一起做起了"仰头哈气"的游戏。老师示范后，澳澳会指一指小哥哥，意思是让他来做动作，观察后，澳澳也开始学起了老师和小哥哥。

　　老师把权力交给了澳澳，让他来决定谁来做，他指到谁，谁来做。澳澳的脸上洋溢着笑容，充满了自信与成就感。当他清晰地发出"好"的音节，自己领先鼓掌奖励！

　　澳澳并非鹦鹉学舌，简单模仿老师的口型与发音，他是在快乐游戏中学会交往，学会运用。在第十五次课结束时，澳澳从只会发"ma""ao"两个音节，到已经可以清晰地发出"要""好""拜""包""球"等十余字，以及简单叠词。最重要的是他会正确运用。在一些自己无法发音的词句上，他会主动地用肢体语言来表达，用期待的眼睛看着老师发出有声语言。每次下课时，我们会起立说"拜"。简单的一个"拜"字却有深刻的意义，它代表着老师与澳澳之间的约定，他们相约下节课。

　　【启示】

　　在本案例中，澳澳是一个没有语言但语言理解能力较好的小朋友，对于他的训练，不仅仅是简单的构音训练，也要把语言运用和沟通内容设计在内。游戏把这几项训练点都包含其中，测评、构音矫正与诱发以及"语言运用"的社会化目标都在游戏中完成。在这里要强调一点，在做构音方面的训练时，要在已有音的基础上进行有意义音的诱发，不能仅凭"最易发音"单一因素决定训练点，并且要在平时注意让孩子泛化到生活中。当然，所有的教育与康复一定是以尊重学生现有水平、最近发展区与主动参与为前提的。

无语言儿童的语言康复

　　孙萍老师的语训生涯起源于一名无语言的学生。他叫明明，1998年出生。老师在刚见到他时，立刻被他那可爱的样子吸引，圆圆的脸庞，一双小笑眼，好像无忧愁的弥勒佛。他有需求时会笑眯眯地拉拉妈妈的衣服，指指想要的物品，有时候他的表达妈妈不理解，他会不停地"aaaa"，边出声边不停地指，直到妈妈理解为止。看到他乖巧懂事的样子，孙老师心里一阵酸的同时，也暗下决心，一定要帮助他学会发音，学会沟通。

通过观察与测试，老师发现明明存在几个问题：①不能正确运用并控制气息；②不能吹气；③发音器官存在问题（非生理问题）；④仅会以口型应答"哎"，无其他音且无声。

针对他的情况，老师为明明制订了训练目标：①能运用气息；②学会吹气；③通过模仿学会应答并会发一些简单的音，如：爸、妈等词。根据训练目标，老师制定了相应的训练策略：①行为分析训练法（又称ABA）；②游戏法；③按摩法；④发声练习；⑤挤压法。

在开始训练时，由于明明还不会运用气息，所以采用挤压法及按摩法进行训练。通过挤压腹部及胸部协助学生学习运用气息，并加入搔痒及大声哭笑的训练。刚开始接受这样的训练，明明很是不适应，哭闹不止。虽然说训练中要有哭的训练，但是也不能总是这样让他哭闹不止。于是，老师和他玩起了游戏《背背抱抱》，在游戏中不知不觉训练就结束了，明明喜欢上了这样的训练。

　　同时还有其他一些训练项目：口部动作和口部按摩。口部动作主要是能模仿打"哇哇"的动作并听指令做动作，模仿拨唇发"卜"的音。口部按摩主要针对明明的面颊和嘴唇进行训练，由于他不太喜欢被别人触碰，所以每次都躲避。孙老师利用他喜欢听音乐的特点，边放音乐边做按摩，同时说一些儿歌。按摩的具体做法是：用双手的指肚按摩面颊，用大拇指捋上下唇及用双手由上向下和由下向上微用力进行挤压双颊。在学校的训练只有半个小时，这点儿时间对于他来说远远不够，还需要家庭的支持。在这个月，得到的家庭支持是，在家练习气息的运用及进行大声哭、笑的训练，同时练习口部动作。在床上平躺对腹部和胸部进行挤压训练，力度要由轻到重，在饭前练习。

　　经过一个月的训练，明明能出声音进行应答，并在协助下发出"饿、爸"的声音，虽然不是很清楚，但是能听出大概意思。同时在这段时间他的目光对视能力有所增强，大概持续在 10 秒左右并能在协助下进行模仿发音，出现爆破音。

　　根据明明的状况，孙老师在第二个月把训练内容定在以发音练习和发音器官训练为主。

　　发音训练就是要求他能模仿发元音 a、e、i、u，根据照片上的人模仿发音：爸、妈。能模仿口型发音，如笔、阿姨等。

　　发音器官的训练主要是气息训练、双唇用力相吸及咬合、咀嚼训练，干枯的训练效果往往不理想，在游戏中既可以愉快地学习还能在实际中运用，

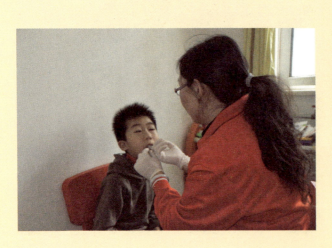

效果比较理想。老师买来许多小零食，如可以吸的果冻、稍硬的小饼干等，既可以练习双唇、咬合和咀嚼，同时还有舌的训练。因为明明的注意力集中时间短，所以有些模仿做得不到位，需要一些辅具帮助，如压舌板或是筷子，也

可以用手指代替，进入他的口中进行协助。除此以外，口部动作和口部按摩仍然继续坚持训练。这个阶段的家庭支持是继续坚持气息训练，同时巩固已有的音并进行按摩和挤压的练习。

　　一个月下来，明明的进步较快，能发的音越来越多，如拿、大、米、棒等单音，同时还有一些词语也开始出现，如爷爷、奶奶、弟弟等。主要的方法还是以模仿口型、练习舌头的动作和气息的运用及控制为主。在这段时间里，明明的发音多以平舌音为主，没有卷舌及翘舌音。在一个月的训练即将结束时，明明可以在协助下发"G"的音。

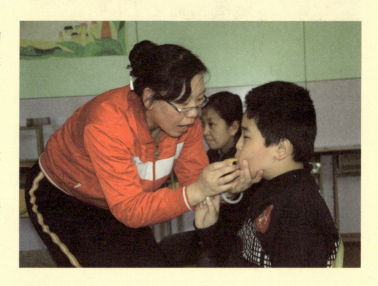

随着他的变化，训练内容也在改变。

　　第三个月训练内容逐渐增多，如发音练习、说五官名称、看图片模仿发音和拟声训练。发音训练在上个月的基础上又增加了数字唱数的内容，看图片模仿发音是示范者出示水果的图片，让明明模仿示范者的口型进行发音练习，同时训练者对其进行唇及舌的摆位训练。拟声训练就是要他模仿小动物的叫声，如小狗叫，汪汪汪；小鸡叫，唧唧唧等。这时候逐渐撤销辅具，使其自己发音。这个阶段的家庭支持有一些调整，以做舌操为主，加入对舌肌力的训练，同时坚持进行气息训练。

　　在这段时间里，明明的目光对视能力明显增强，由此也使得他的模仿越来越准确。经过3个月的语言训练，明明由原来的只能用口型应答发展到可以说出40个左右的字词。其中完全清晰的字词大概有15个，不太清晰的有25个左右。还有一些音在逐渐向清晰过渡。

　　通过对明明的训练，在实践中孙老师摸索到一些经验，对于无语言的儿

童先进行判断，看是因为什么原因导致的，如果是非生理性的，那么训练后口语发展的可能性就会极大；如果是因为生理上的问题，那么口语发展的概率要小得多。明明属于口腔、唇、舌功能无障碍，发音器官又非生理性障碍。对于这样的儿童，采取从气息入手的切入点进行训练，效果较好。现在他依然还有些发音困难，还要继续接受语言训练。

【启示】

1. 对刚刚开始出现语言，但在掌握发音方式或位置上还有欠缺的学生，还可以采用一些辅助方法，如发舌根音时可以触摸训练员或自己的喉部的振动来感受发音；在发送气音时可以把手放在嘴前来感受发出的气流。

2. 个别训练要依据个案的情况进行阶梯性的训练，有些训练内容需要连贯进行，不能中途停止。

3. 儿童在课堂上已经学会的发音，要在生活中不断巩固，这样才能让个案真正知道语言的意义。

4. 家庭训练要与学校一致，避免个案因为不同要求而出现不知所措的现象，干扰到语言的学习。

动作康复，迈出坚定脚步

迈出一小步，人生一大步

亮亮一是个漂亮的 7 岁小男孩，浓眉大眼，皮肤洁白，笑起来眼睛弯弯的，很招人喜欢。他平时喜欢听人说话却很少发言，也很少跟其他小朋友玩，有时候开心了也咯咯咯地笑，却很少说话，"我说话不好听，人家都听不懂，所以我不说！"亮亮这样告诉他的老师。是的，他说话不清楚，一说起话整个身体都跟着动，上下左右点头，双手不自主地晃动，如果让他站起来，一说话就摔倒了。因为脑瘫，这个中枢神经性疾病，让他没办法自由地控制自己的身体，没办法支配自己的器官完成活动。现在的亮亮会自己站一会儿了，站稳了也能向前扑几步，但不算是真正意义上的走路。迈出的这几步，不止是走出去的路，对他、对老师、对家长，都意义重大。针对亮亮的情况，为了让他能真正学会走路，张娜老师为他进行了动作康复。

张老师作为他的动作康复教师，像其他康复师一样给这个孩子做着康复，但是，几天下来，感觉筋疲力尽。亮亮其实是一个很聪明的孩子，也很敏感，很会捕捉别人的表情与行为。由于亮亮的肌肉张力比较高，每次在进行动作训练之前都免不了要给他做牵拉，来放松他比较高张的肌肉，在之前 6 年的康复经验中，亮亮一直都是在这样痛苦的牵拉过程中成长起来的，所以才会造成他现在的这种表现：用无辜的眼睛看着老师，然后躲闪，进而恐惧，接下来就是用他含混不清的发音先在气势上吓住老师，吓住他的爸爸，然后双手用力拍打地面，表示对牵拉的愤怒和抵制，接下来就是面部狰狞的皱眉，张嘴大叫，还有那些让人看着就心酸的眼泪。学生的爸爸，由于 6 年来都是这样度过的，耳朵已经"硬了"，孩子越是反抗，爸爸的动作越是利索，拉起他拍打地面的双臂压在自己的大腿下，让孩子动弹不得，用手固定孩子的躯干，还不忘了用语言来警告孩子，"哭！哭也一样牵拉！还哭？！！"接下来整个教室就充斥了孩子的哭声，以及含混模糊的反抗声。

张老师看着这一切，看着为了训练而饱受摧残的孩子、家长以及自己，甚至开始怀疑能不能继续给他做下去，还需要在这样一个情绪反应激烈的孩子身上花多大心力来解决他的动作问题！

张老师开始使用一些行为改变技术，当然，这时候为了显得老师比亮亮更强大，以及作为一个教师的权威，张老师选择的是正强化以及剥夺，即当亮亮出现一些不良行为，如用手拍地，掐人，马上让家长离开孩子，然后对他进行严厉的教育，给予负强化。但如果出现良好行为，比如牵拉的 2 分钟里没有哭闹则予以奖励。经过处理后，孩子被老师"震住了"，当老师的表情严肃起来的时候，他知道安静下来，亮亮的情绪问题暂时地被控制住了。

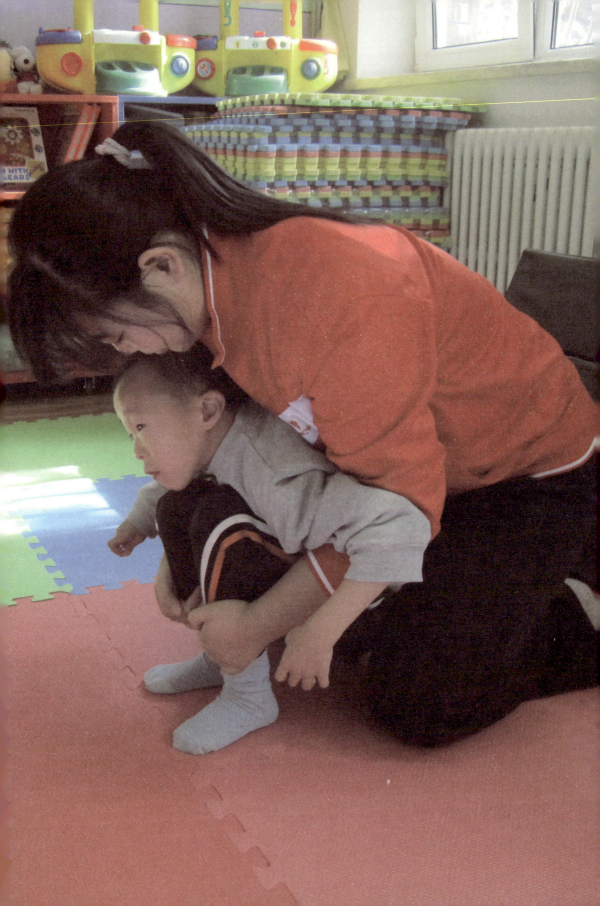

一个月的时间飞逝，孩子的动作有了很大的变化，从一开始高跪不稳变成现在的稳定高跪，从一开始不能跪走变成可以独立跪走很长。从其动作改变上看，他还是有了很大的进步，这让张老师和孩子的爸爸都松了一口气，而且，难得的是孩子的爸爸对训练方法很肯定！但对于这个孩子，张老师知道表面平静的背后马上就面临着波涛汹涌的爆发，张老师也静待这一时刻的到来，也在想着如何能熄灭孩子内心对动作训练的抵触，熄灭他即将爆发的怒火。

就像预料的那样，在老师还没有想到好办法把他的情绪完全转移的时候，他爆发了，就像一个小火山压抑了很久之后，歇斯底里地爆发了。他能够看到自己的进步，当他看到自己以前不能跪着移动，现在可以在生气的时候跪着离开时，老师看到了他脸上狡黠的笑。这一次，他又开始像刚到动作训练班那样反抗，而张老师，这一次却没有阻拦，让他发泄吧，看着他发泄的样子，张娜很心疼。"不哭了，"他反而过来对张老师说，"老师你给我做吧，我不哭了，我能忍……"这一句话，说得让人心酸……

转眼到了第二学期，刚开学，亮亮很沉默，不说话，做训练也会闹，不过只是小打小闹。有了一个学期的沉淀和了解，张娜开始真正懂了这个孩子，她想把他从那个极度自卑、畏惧、恐慌、自暴自弃的心里拉出来！她深刻了解这个孩子出现之前对动作训练那么强烈反抗的原因，他还曾经告诉张老师，"张老师，您别管我了，我不想站起来，站起来太累了，您别管我了"。试想，一个7岁的孩子该是到了何种绝望的境地才会说出如此的话！的确，他

太需要自己想站起来的勇气了！所以这段时间，张老师的战略也完全调整了，在训练的过程中和他一起做游戏，一起聊天分散他的注意力，同时又要在他不注意的情况下加入一些有难度的动作保证训练的质量。爱是无声的，在孩

子身上却留下了痕迹，孩子每天的笑脸多了，不再皱着眉头了，敢和老师有目光对视了，训练时光对他来说开始是种享受了。

由于他们调整好了心情，训练进行得也很顺利，亮亮意外地让他们看到了他开心时候表现出的能力，他独立向前走了8步！这样的进步速度，亮亮自己都会惊讶，会开心地拍着手笑。当然，作为他的康复教师，张老师也一样开心，这个进步是之前计划里没有料想到的！给孩子爱吧，孩子会让你在接近绝望的时候看到希望；给孩子爱吧，爱让一个绝望的孩子绝处逢生，健康快乐地成长！未来，亮亮的路还很长，在爱的光中，他会走得很远。

【相关链接】

动作康复相关专业名词释义

蹲姿牵拉：由于学生小腿后的肌肉群张力较高，需要通过教师辅助蹲姿的方式来放松学生这一肌群而采用的一种训练方式。

高跪：动作训练中常见的一个动作，学生双膝盖着地跪直的姿态。

跪走：身体保持高跪的姿态，用双膝盖着地，双脚放平的姿态向前行走。

我们一起和时间赛跑

阳阳来到学校做动作评估前，小邓老师就对他的情况有了一点儿耳闻。阳阳患有遗传性脊髓小脑共济失调，一种基因突变引发的肌力和肌张力障碍疾病。爷爷50多岁发病，爸爸30多岁发病，而阳阳发病时只有12岁，一个无忧无虑的年龄。突然间，跳不高了、跑不快了、走路不稳了、拿不好笔了，而最残忍的是他的智力是正常的，他要自己眼睁睁地看着这一切发生，感受和记忆这段迄今为止仍在继续退化的生长发育之路。

但当小邓真正看到这个孩子时，她的内心还是被震恸了。紧张——他一紧张浑身肌肉瞬间僵硬，畏缩——我们的评估测试给了他很大的考验，勇敢——很简单的两米的跪走动作测试他摔倒了 5 次……这个心智完全正常的孩子，让全场的测试老师都为他揪紧了心。评估是为了给他制定综合的动作康复方案，具体的操作方法确定后，组内老师一致认为，这个孩子的长期和短期康复目标只能是——"尽量不退化"。孩子的病例和实际表现告诉我们，这个目标实现起来难度其实很大，但想起孩子听

到老师说"放心，不会摔倒，你能行"时信任的眼神，清澈得毫无折扣，谁也不甘心承认这个孩子没救了。所以，小邓向组里申请接下了这个孩子。

第一天的训练课，至今记忆犹新。记得最清晰的，是由于肌张力高，阳阳做完每个动作都需要做肌肉、韧带和关节放松，不然持续增高的肌张力会

使身体出现重复性痉挛，不但有损身体组织，也会不断消耗他本就很弱的体力。还有就是阳阳发自内心痛苦的哭声，这种哭声不同于其他孩子，没有烦躁、反抗、发泄，只有伤心、极度的委屈和大滴大滴的眼泪，夹杂在哭声里

的含混不清的语句是"我休息一下，我能做完"。由于之前没有做过任何康复训练，而且阳阳发病的两年里几乎没有任何体力活动，关节僵化与脆弱、肌肉萎缩与高张等矛盾的症状他都集于一身。因此，我们可以想象，孩子每做一个动作，由于肌肉萎缩没有力量，他是多么的吃力，而且全身很高的肌张力又为做一个简单的有位移的动作设置了多少阻力。然而，当他终于做出这个动作了，被活动到的关节由于之前几乎没有活动度，在前两周的康复训练里几乎全身的大关节都在发出"喀拉拉"的响声。一开始，阳阳和他妈妈都吓坏了，不知所措，也总在担心是不是哪里骨折了、拉伤了。所以，一开始的训练阶段，小邓都会一直不停地和阳阳讲话，一方面是分散一下注意力，降低紧张感，降低肌张力；另一方面是想把做每一个动作的基本原理、目的、副作用告诉阳阳，让他知道自己在做什么，让他知道在这里流泪、流汗的目的是什么。

阳阳是一个聪明、敏感、脆弱、好强的14岁男孩。老师从一开始就把他当成了一个小大人，把做艰苦异常的康复训练的决定权和主动权交给他，

因为他们都很清楚，他的康复之路会持续一生，他想顺利地活下去，就必须"久病成医"，就必须自己了解全身莫名其妙症状的原因。这也是他们第一阶段训练的核心，"授之鱼更要授之以渔"，当他发现老师和他讲的做哪个动作哪里会疼，第二天起床哪里会酸，哪种疼痛需要克服隐忍而哪种需要治疗，一一应验后，阳阳开始信任老师了。

随着时间的推移，阳阳克服了一个个困难，又在迎接着一个个挑战，每学一个新动作都要经过一番脱胎换骨，每掌握一个动作后他都会骄傲地向他和妈妈展示他的本领，"没问题""行""该学新动作了"，这个顽皮开朗的

男孩竟然能把枯燥艰苦的训练当成了打游戏通关。对于阳阳的训练教学，邓老师尽量提取一些中学课程中的知识，融入动作训练中，如做一个动作回答他提出的一个数学问题，或是边做动作边背英文单词，这样不仅有助于集中精

力放松肌张力，还能改善阳阳已经出现构音异常的语言。

一切都在朝好的方向发展，阳阳开始能自己独立吃饭了，能自己系鞋带、戴手表了，能够拿起放下两年的笔开始写画了。随着训练难度的加大，对阳阳而言最难也是最需要的训练任务摆在了面前，即平衡性和协调性训练。动作组老师们一起尝试着把动作分解，降低难度，把目标定得更加精细，易于完成。他们都知道，这个孩子的康复任务异常艰巨，今后的康复训练会更加艰难，所有人都必须做好准备。他们必须要和时间赛跑，为了这个想好好活下去的叫阳阳的男孩儿。

【相关链接】

平衡和协调性训练释义

学生平衡能力较差，需要教师开展针对性的训练练习身体平衡性，并在训练中通过左右侧协调出力动作的反复练习增强学生的动作协调性。

艺术康复，帮你学会感受

创造性音乐的魅力

音乐课堂上老师们一直信奉着这样一句话：那就是你快乐，所以我快乐！当孩子们把每一首歌曲记得牢牢的；当孩子们把每个小动物模仿得惟妙

惟肖；当孩子们自由地随着音乐翩翩起舞；当孩子们带着烦躁的情绪进入音乐教室后慢慢平静……每一次的认真聆听、每一次的牵手互动，每一次有模有样的学习，哪怕是一句"真好玩呀"都给了老师莫大的鼓励。

刘沙老师在随笔中曾记录过一段"另一种幸福"，那是三年级学生进行乐器及节拍的学习时，当她把缠绕的苹果定为波音伴奏并使用乐器演奏给学生后，他们的接受程度远远出乎她的意料。正当她沉浸在这成功的小喜悦时，三年级那个活泼得有点儿聒噪的小男生居然用手打出了鼓掌般的快速节拍以此表示那个绕圈的苹果。虽

然刘老师仅以"你太聪明了"夸赞了他，他在夸赞声中开心地笑了，但他却不知道，刚刚他小小的举动给了老师怎样的感动和欣慰，这就是"教学相长"，谁说他们不可以，谁说他们的潜力无法挖掘？就在刚刚他给老师支了很妙的一招。

孩子们都很喜欢听歌曲，刘老师抓住这一点，在放歌曲时给予他们肢体方面的示范、提示，以引起他们的注意。当动听的《森林狂想曲》响起时，刘老师会把各种惟妙惟肖的小动物形象展示在他们面前，鼓励他们做出自己喜欢的小动物的样子，对于他们此时的任何感受、表达，甚至宣泄给予表扬和肯定。当他们从无意的听变为有意识的欣赏，在听音乐时露出愉快的表情，身体随音乐而动时，刘老师会根据音乐要表达的内容再次给予引导和示范。经过一段时间的体验，他们能感受到音乐带来的快乐，学会欣赏美的事物。

班里有一名智障学生说话不太清晰，胆子也很小，但这名学生对乐器非

常感兴趣，对各种节拍的掌握也十分准确。于是在乐器齐奏时老师让他用打棒做基本节拍的指挥，一开始他的节拍不稳定而且声音很小，一边打还一边回头看。老师就鼓励他说，"你现在是我们这个乐队的小指挥，我们都会听你的指挥，你要打得很响亮，我们才可以听得到。"同时还教他说清"预备""开始"等关键词，他学得非常认真，做得也非常卖力，在一段时间后能清晰地听到他洪亮的声音和他用乐器打出来的稳定节拍了。

在日常生活中，团结合作是非常重要的。要培养智障学生的合作精神，让他们初步懂得如何协调自己和他人，使整体活动得以顺利进行。在活动前，刘老师请他们选择自己喜欢的乐器，引导其找到自己的位置和重要性，感受到参与的乐趣，从而获得自我满足。在集体伴奏开始时，刘老师通常会要求他们先拿好自己的乐器不出声，从第一个儿童开始模仿手中乐器的使用方法，然后逐一进行，持续到最后一名儿童。在此过程中，他们要遵守集体的合奏规则，既不能在持续过程中停止，也不能在没有轮到时让手中乐器发出杂乱的声响，其等待、指令、感受、协调、理解、合作的能力都会得到不同程度的增强。相信叮叮咚咚美妙的声音会让他们慢慢感受到若要使乐曲演奏的秩序不被打乱，就需要每个人的共同努力。更为重要的是，在此过程中，他们与刘老师、其他儿童，甚至是乐器之间建立了良好的亲密关系。

人类音乐萌生之初皆为载歌载舞，这也符合儿童的特点。在律动活动中刘老师通常会把律动分为两部分，即歌曲律动和身体探索及伸展。这种对自己身体进行探索的功效主要是稳定他们的情绪，增强他们的理解能力。在舒缓的音乐中，刘老师通常会做一些简单的语言暗示，如怎么样闻花（如何吸气），大山是什么样的。配合不同效果的音乐，以他们内心表达的外在表现为重点，不做评判，只做引导。又如，做小乌龟出壳时，他们会凭借已有记忆或图片提示，有的慢慢爬，有的抱成一团，想象力得到了极大丰富。同时以熟悉的歌曲配上生动形象的动作，他们既可模仿教师动作又可根据歌词大意自由动作，教师会给予极大的空间，在此环境下他们非常放松，甚至开始模仿周围的儿童。

【启 示】

音乐，是这群特殊孩子与人沟通的一座桥梁。尽管他们没有优美的歌喉，没有动人的舞姿，但他们能在轻松、自由的氛围中感受到音乐带来的精神上的愉悦，学会欣赏美的事物，保护美的事物，关注美的事物。在这些创造性的音乐活动中，老师们用自己的专长搭建了一条条纽带尝试走进他们的内心世界，拉近了与孩子之间的距离。

探索钢琴训练的治疗作用

欧洲人说钢琴是乐器之王，主要是因为它音域宽广，能够演奏各种多声部音乐，表现力比较丰富。对于培智学校的学生来说，音乐训练对音乐敏感的智障学生来说也是非常有必要的。它对学生的毅力、耐力、集中注意力、适度感等性格因素的培养，有着重大的作用。

二年级新从普通小学转来了一名智力障碍学生，他叫辉儿，来到培智学校之前，他的胆子很小，什么事情都不敢做。通过和班主任的交谈，吴晶老师知道孩子喜欢弹钢琴，在家的时候奶奶教过一些歌曲，吴老师就和家长商量要不要给孩子做音乐康复的训练，家长很高兴地同意了。

在乐理知识的教学过程中，对于"全音符、二分音符、四分音符"等时值长短的概念，学生掌握起来既抽象又枯燥，因此在开始教学时，老师并没有先让学生分辨音的长短，而是努力营造一个让学生自身感受、想象的环境，利用动物的叫声来学会分辨公鸡的叫声长，小鸡的叫声短；锣的声音长，鼓的声音短。辉儿在游戏的时候得到了概念的感知。节拍的训练也同样是在游戏的过程中学习掌握的，"猜一猜""学一学"请辉儿边听老师敲击不同的节奏，边在老师的带动下按照节拍做不同的动作，一会儿是大象走路的节拍，一会儿是小兔子蹦蹦跳的节拍，孩子在老师的带动下玩得不亦乐乎，这些形象的节拍记忆留在辉儿的脑海中。

在指法训练的过程中，吴晶根据辉儿的接受情况，依然采用形象教学的策略。智障儿童的精细动作都比较差，弹钢琴要依靠灵活的手指。灵活度的练习又是枯燥无聊的事情，辉儿虽然能坐一会儿了，但是这样的训练他还是坐不住。吴老师在钢琴键上贴上了辉儿喜欢的贴纸，像玩儿打地鼠一样开始用手指敲击图片。从开始的两小节慢慢开始增加，四小节、八小节……辉儿看着自己逐渐增加的小节，手指越来越灵活地在钢琴上跳舞的样子，笑容在脸上绽开。吴老师看着辉儿灿烂的笑容，心里面充满感动与成就感。看着沉浸在钢琴世界的辉儿，吴老师真正感受到了钢琴在孩子改变中的魔力，也更加投入其中。

同时，钢琴也在悄悄改变孩子的成长轨迹。文文从小由祖父带大，在4岁时被查出患自闭症，他在语言表达方面和沟通方面都存在障碍，并伴有一些怪异的行为。在文文7岁的时候，父母无意中发现文文对钢琴很感兴趣，家长好像看到了希望的曙光，开始让文文学习弹琴。刚接触文文时，吴老师就发现文文在音乐上的天赋，识谱很快，记忆力强。但这些强项并没有充分显现出来，因为他的不良行为严重影响了他的表现。经过和家长协商，吴老师把切入点放在用音乐改变行为上面。到处乱跑的文文，即使面对喜欢的钢

琴，也只有几分钟的安静。吴老师没有强迫他安静坐下来，也没有不高兴的表情，只是缓缓地弹着钢琴曲。舒缓的旋律在教室内萦绕着，10分钟、15分钟、20分钟，时间一点点过去，文文从开始到处乱跑偶尔坐过来，慢慢发展到安静地坐在老师身旁，偶尔起身小小溜达一下后立刻坐回到老师身旁。这时吴老师微笑着看着文文，在适当时候轻轻地拉着文文的手一起在钢琴上"舞蹈"起来。坐下来的文文让人眼前一亮，帅气、文静的他坐在钢琴前面那忘我的演奏，像是一只"舞蹈"的精灵，他在用生命舞动着奇迹。

由于自闭症病因奇特，造成文文全面性发展障碍，在医学上又没有很好的治疗手段，只有通过训练让文文在原有基础上提高能力，而作为文文的训练教师关键是找到适合他的需求的训练方法。经过3年多的钢琴训练，文文的音乐潜能不仅没有衰退，而且现在的钢琴水平已经与正常孩子相差不多。

【启示】

钢琴训练对于培智学校的学生而言，既可以有效稳定情绪，改变不良行为，又可以促进感知能力的发展，锻炼注意力的分配，使注意范围逐步扩大；更能使学生从无意注意逐渐向有意注意发展，提高注意力、记忆力、言语表达、思维想象能力、增强对事物的理解力及想象力。

心理康复，架起沟通桥梁

怎样和特殊的学生"对话"

学生来自不同的家庭，不同的社会影响和家庭影响使每个孩子的心理素质水平、认知能力、心理状况也不同，不同时期的学生会出现不同的心理问题，不同年龄不同层次的学生问题也不同。因此要因人而异，根据不同年级表现的心理问题有目的地向学生进行教育。

班里有个女孩子——婷婷（12岁，苯丙酮尿症），她唱歌、学习、体育都很棒，但性格比较内向不爱说话，很少与人交流，而且性格有些固执，不愿接受别人的劝解。另外，她的家庭条件不是太好，加上家长不正确的家庭教育方式，导致这个孩子爱好单一，且参与的休闲娱乐活动较少，而且没有自信。自从高蕊老师任婷婷的班主任之后，就一直想改变她这方面的不足，以及几个像她一样的不愿与人沟通的孩子。

在教育工作中高老师本着一个信念——只有跟她的学生建立好关系，让学生成为她的崇拜者，才能更好地对学生进行教育，教育效果会更明显。"婷婷你今天的辫子真漂亮，是你自己梳的吗？"高老师用祈求、盼望的眼神望着她，等待着她给一个答案，可是等了两分钟她也没有回答高老师，高老师提高嗓门但很温柔地重复了一遍，婷婷看着高老师说了两个字"妈妈"便又转移了视线……第二天，高老师又走到婷婷的身边用手摸了摸她的头发——梳得十分整齐，"婷婷今天又是妈妈给梳的头吧？！真漂亮！"婷婷立刻便回答说："对！"第三天，婷婷刚来到学校跟高老师问好后，站在高老师的前面

没有立刻回到座位上，"老师，今天是我自己梳得小辫，有点儿乱了。"高老师怀揣着喜悦望着婷婷："自己梳得不错嘛！可是两个辫子不好梳，明天你可以试试梳一个辫子，会好梳一些的。"次日，婷婷梳着一个马尾辫跑到高老师身边说："我觉得这样好多了，比昨天整齐多了，我觉得高老师梳个辫子应该也会好看。"说完婷婷便用期待的眼神望着高老师，高老师也开心地笑了，因为婷婷主动和高老师说了她内心的想法，之后高老师就按照婷婷说的把头发也扎起来梳一个马尾辫儿。之后婷婷便把高老师当成了她的好朋友，有什么事情和想法都会第一个跟高老师说，就这样渐渐地婷婷的话多了起来，和同学之间的交流也多了起来，婷婷变得开朗了很多。功夫不负有心人，终于，高老师成功了。

了解了孩子，就要选择恰当的教育方法，及时有效地排除学生的心理障

碍。对于类似于婷婷这样的性格内向、敏感，认知和感受能力较高的孩子来说可以使用以下几个教育原则来改善孩子的心理问题：①以活动为中心，塑造学生良好的心理品质；②以激励为原则来对学生进行积极的心理暗示；③以自己为榜样，给学生以积极的心理感染。因地制宜使用以上三原则一定会对孩子的心理健康发展有所帮助。

在一堂兴趣活动课上，同学们兴冲冲地奔向自己感兴趣的活动小组，而婷婷还坐在原处没有动。她从书包里拿出语文课本看，高老师便问她："怎么不去和同学一起活动呀？"婷婷嘴里不断地说着："我不想玩牌，不想下棋，只想看书。"高老师听了觉得心里一阵儿酸。这些孩子本来娱乐的项目就不多，在兴趣课上一定要让他们参加一些有益的娱乐项目并掌握一些基本的技巧，这样学生就不至于放假、闲暇时总是看电视了。高老师灵机一动，"婷婷你看

书也成，但要和我们坐在一起，好吗？"高老师便和几名同学围到一张桌子旁，也让婷婷坐了过来，高老师和3名会打扑克的学生打起扑克来。婷婷起初只是低着头看书，看此情况，高老师便提高嗓门说一些关于出牌的俏皮话，什么"花子""红Q""老K"……看牌的同学也"渐入佳境"，不时地问，这是什么意思，那是什么意思。这时高老师用余光看了看婷婷，她的眼睛已不再专注于书了，时不时看看牌桌上的牌，快成功了，高老师美滋滋地想着。于是便又大声地重复起玩"捉黑A"的游戏规则，然后演示性地玩了一把，停下来对婷婷说："婷婷，老师要教炜炜下象棋，你帮高老师出这把牌吧！"婷婷犹豫了一会儿，想了想后还是答应了。这样玩牌的将士们换了一批，刚刚还不会玩牌的同学们成了主力，刚才的主力成了副将，"先找对儿，再找顺儿，剩下的就一个一个地出……"副将们都给各自的主力帮着忙，起初他们都有点儿手忙脚乱，但是两把牌后，有两个同学竟然提出不要"副将"了，婷婷也说她好像有点儿会了，这时高老师心里暗喜，于是便"放手"了。虽说他们拿牌、出牌的动作还有些笨拙，甚至有时会出错，但他们在一起有说有笑的……一节课很快就过去了。下课时，婷婷跑到高老师的跟前笑着对她说："我觉得和他们一起玩牌很高兴，以后兴趣课上我还要跟同学玩牌！""好！等你完全学会了，我们再一起玩五子棋，下象棋，它们也很有意思！"婷婷高兴地点了点头，高老师也微笑地点了点头。

婷婷有了很大的变化，爱说爱笑也爱玩闹了，同样班里另外几名内向的学生也变得活泼了很多，整个集体变得更团结了。当然最高兴的还是班主任的高老师，高老师现在可以自豪地说：我的教育成功了。

【启示】

理解、信任是前提，只有孩子信任了老师，老师了解了孩子的心理问题所在，才能选择方法，因地制宜，开启孩子心灵的窗，打开孩子心里的结。班主任的一举一动，一个表情，一个眼神，一句话都要包含一份爱，一份期望和鼓励，班主任要把心中的阳光撒播到每一个孩子的身上，为他们健健康康成长而努力。

小沙盘中的"大发现"

喜欢游戏是儿童的天性，沙盘游戏是一种很容易被儿童接受的游戏形式。特殊儿童受生理、心理因素的影响，在交往能力、自我成长能力、社会道德认知等方面常常低于正常儿童。所以，团体沙盘成为智障儿童日常教育的一个切入点。学生们在进行团体沙盘时内心深处意识和无意识之间的沟通与对话及心理活动投射，不仅让学生在沙盘游戏的过程中相互激发身心健康发展、人格的发展与完善，游戏后还针对投射出的问题组织相应的教育活动。这使智障学生在快乐体验的游戏中收获满满，也使老师找到一些需求学生教育的切入点。

下面是高蕊老师在实施团体沙盘游戏时的一个记录：游戏开始前，老师告诉参加本次沙盘游戏的成员基本要求：①可以玩架子上的任何玩具；②如果弄坏了什么，教师去修，但不能有意破坏；③游戏时不可伤害自己，也不可伤害同伴或者老师；④游戏结束后，由教师来收拾，同学不必管。因为智障学生的理解能力不强，所以在告知这些规则时老师用最简洁的语言，没有给予过多的信息。这样，学生就清晰地知道了什么是可以被接受，什么是不可被接受的行为。当成员开始对沙盘和玩具自行探索后，教师就退到孩子的侧后方坐下，观察并记录沙盘游戏的进程。记录内容包括学生是如何开始进行的，是立即投入还是比较犹豫；第一件选择的玩具是什么，之后又选择了哪些种类的玩具；玩具在沙盘中的摆放位置是什么，彼此的摆放关系又怎样；学生在沙盘上的探索空间有多大；以及最终摆出的结果是什么等。

沫沫患有重度孤独症，语言表达能力很差，平时从不主动与同学、老师交流。他在3次作品过程中均放了同一类的玩具——小女孩，3次共拿了7个。在整个游戏过程中和结束后虽然沫沫没有说一句话，但是高老师立刻想到了他的小妹妹。游戏后，高老师立刻电话联系家长，沟通他在家里的各种表现。通过了解得知他很喜欢他的妹妹，渴望被爱，被关注，这是我们之前没有预料到的。通过这次沙盘游戏，沫沫表达出了此时的情感，老师也"倾听"到了他的感受、他的需要。

有些学生在创造沙盘图景的过程中或在结束时会主动讲一个故事，如果孩子没讲，老师可以邀请孩子讲讲他/她摆了些什么，想要表达些什么感受。

老师要做的就是认真倾听，真心地接纳。当然，在学生团体沙盘游戏过程中老师除了做好记录，更多是要关注学生在摆玩具时有没有关注周围的同伴，关注沙盘在不同学生身上的人际互动以及团体和个体交流的影响，抓住团体沙盘游戏中学生们"暴露"的问题并有针对性地制订有效的日常教育方案，采用适当的方法对学生进行教育。例如，明明说："嘉嘉把停车标志放到我汽车跟前，我走不了了。"鹏鹏说："你为什么要让老虎把小羊吃掉？"……虽然话语不多，但是团体沙盘使学生充分展示了他们丰富的内心世界，让团体中的每一个人都表达了自己的想法，让这些智障的孩子体验到了互动的愉悦，从游戏中感受到了"沟通"的快乐。

在团体沙盘游戏中，我们也可以对学生个体需求进行辅导。比如，鹏鹏第一个拿的就是带骷髅的棺材，后边两次拿的分别是马头兽和佛像。游戏后高老师通过与家长沟通加上自己的分析得知：鹏鹏家庭不和谐，父母关系相对紧张，最近母亲又面临下岗的重创，本来鹏鹏妈妈精神方面就较敏感，情绪不稳定，最近更是时常说一些偏激的话语，刺激并且加重了鹏鹏的不良情绪，这样就了解到了鹏鹏挣扎、痛苦的原因。针对鹏鹏缺少快乐的源泉、没有安全感的这种情况，高老师采用了这样的日常教育策略：当他情绪激动时，从正面进行引导教育，并且耐心地进行心理方面的疏导，让他感觉到爱和关怀，让他体验爱的无处不在。功夫不负有心人，现在鹏鹏的情绪已经有了明显的缓解，如遇到事情时减少了用大喊大叫去"表达"的现象，采用了"老师，他招我了呀"这样的方式去表达；他说脏话、较极端的话的现象也减少了。

团体沙盘游戏是把对个体的辅导始终置于团队之中，用沟通的方式，用感受的方式，引导个体打开心结，获得团队的尊重和支持。比如，Y 学生关注了 Z 学生，在 Z 学生的汽车旁边放了一个交通标志；YY 学生关注了 XX 学生，在 XX 学生放了猪八戒后放了一个孙悟空；XX 学生拿的玩具对 ZZ 学生的玩具进行了修正。这样他们都把自己在活动中的所思所想相互交流着，这个他们喜欢参与的活动无疑给了他们一个将自己放在集体中的机会，用摆玩具的方式彼此沟通着、感受着，甚至打开了自己的心结，活动中获得集体的认可、尊重和支持。

通过一段时间的心理实践研究，我们发现团体沙盘游戏可以作为教师发现学生问题的工具，并且可以作为教育的切入点，为老师对学生进行思想道德教育提供指向和依据，使我们的教育就有更加明确的方向，突出教育重点，做到有的放矢。

【相关链接】

沙盘游戏释义

沙盘游戏治疗是目前国际上很流行的心理治疗方法。在学校和幼儿园，它被广泛应用于儿童的心理教育与心理治疗；在大学和成年人的心理诊所，也深受欢迎。通过唤起童心，人们找到了回归心灵的途径，进而身心失调、社会适应不良、人格发展障碍等问题在沙盘中得以化解。

【相关链接】

康复专业教师成长个案
一名语言训练教师的成长之路

我希望用我无限的努力去换取他们哪怕是一点儿小小的进步，因此我心甘情愿地在这里坚守。

"孙老师，您要不给我们上语训课，我就天天在您教室门口站着""孙老师，您就抽时间给我们上课吧，哪怕一节课都行""孙老师，我们只上您的课，您无论如何都要安排一节课""孙老师，您在哪儿，我们就去哪儿"……每学期开学时，都会听到家长们说着类似的话，这些都是希望上孙老师语训课的学生家长们见到她后的第一句话。

孙萍是一名专门针对语言有问题的学生进行训练的教师，也就是所谓语言训练教师。有的人会说了，在师范的课程中从来没有这一门，在普小的课程设置中也没有。是的，孙老师从事的这一行确实在师范课程中还没有设立。其实，在她刚开始工作的时候，也是没有这门课的。随着特殊教育的发展，学校慢慢接触了有这类需求的学生。面对这样的学生，老师们不能袖手旁观，但如何做、怎么做都没有前车可鉴，老师们只有摸着石头过河，一点点摸索前进。

还记得刚开始上语言个训时的情景，孙老师和学生面对面坐在一个比较狭小的空间中，她模仿着老教师上语言训练的样子，拿着模型对着学生不停重复着一个字或一个词。夸张的口型和较高的声音是那时常采取的方法。这样上了一段时间后，她开始彷徨了，因为有的学生不看口型，不模仿，这样的语言训练该怎么上呢？

俗话说"三人行，必有我师"，孙老师开始不断听课，只要有家长说学校里哪个老师的语言个训上得好，她一有时间立刻跑去"取经"。学习的方式不止是向人求教一种，还有一种最普遍的，那就是读书。她开始大量寻找和语言相关的书籍，《0岁开始的语言开发》《幼儿语言发展关键期基础训练》《语言可以这样玩》《语言智能训练》等书籍开始出现在她的书柜中，甚至是在床头、枕旁。这些书一方面补充了她知识上的不足，另外一方面起到了"拨云见日"的作用。在书中孙老师了解了语言训练更多的方式以及针对不同表现应采取的方法，有些书的某些章节孙老师读过数十遍。

人们常说"十年树木，百年树人"，学校是师生生命成长的共同乐园。回首18年的专业成长之路，孙老师由一个初出茅庐的学生成长为一个奋战在一线的教师。学校非常重视教师的专业化发展，请进来，走出去，很多在特教领域的专家们成为学校老师们的指导教师。只要教师肯钻研、肯吃苦、愿意为残疾儿童服务，一有

合适的机会学校就会尽最大的可能去争取学习的机会。在这18年的教师生涯中，她多次接受专家的培训，中国台湾地区的、美国的、日本的……这些培训都是她专业成长的资本积累。

随着语言训练需求的不断增多，语言训练服务对象的不断增加，对语言训练教师知识与技能的要求也更多。孙老师逐渐发现自己的知识储备明显不足，知识结构也不尽完善、合理。就在这时，学校就像及时雨一样，让她参加为期三年的系统培训，不断提升自己的理论知识和专业技能。更是本着研究的态度和国际专家合作，成立了语言研究中心，而孙老师也成为其中一员。

曾看到过这样两个公式：第一个公式是"教师成长＝精神＋思考＋实践"，一语道破教师成长需要矢志不渝的钻研精神、勤于思考的习惯和付诸实践的行为。可以说三个方面相辅相成缺一不可。第二个公式是"教师成长＝智慧＋勤奋＋恩师"，这个公式里的"智慧"，孙老师更愿意把

它理解为"知识"而不是"智力",她需要通过不断学习获得新的知识。

任何一位教师,哪怕是一位经验丰富、教有所成的教师,在其执教的过程中也不可能做到尽善尽美。及时审视和分析自己的教学行为、教学决策和教学结果,可以有效地纠正教学观念和教学行为上的偏差,形成自己对一些教学现象、教学问题的独立思考和创造性见解,提高自我觉察水平和教学监控能力。课堂上的教学如此,语言训练也是如此。每次上完课后的反思都为下次的课堂带来新的做法。孙老师曾看到过美国心理学家波斯纳提出的教师成长公式:成长=经验+反思,也充分说明了反思对于教师成长的重要性。

在研究中反思,在反思中思考,在思考中提高。孙老师思考的内容很宽泛,有听课后的感受,有训练环节和内容上的设计,也有训练后与家长访谈后的随想等。可以说上课、听课、读书、与同事交流,时时刻刻、随时随地都在思考。教学反思改变着她的行为方式,打造属于她自己的"教师品牌"。在孙老师心中,或许一辈子都做不了教育家,但她愿意做一个幸福的追求者。孙老师深深明白,在专业成长的道路上,要走的路还很长,她的目标就是不断在学习中认识自我,在反思中挑战自我,在实践中超越自我,力争成为语言训练领域中的专家型教师。

从一名普通美术教师成长为优秀特殊教育工作者

胡斌老师在教育战线上奋斗了22年,从一名普通小学的美术教师成长为具有专业技能的特殊教育工作者,这期间有勤奋的汗水,彷徨的泪水,更有喜悦的欢笑,成功的骄傲。

刚刚来到培智学校,面对特殊儿童,只具备美术教学技能的胡斌很是焦虑,智力落后不但是认知能力的欠缺,也影响了学生的全面发展,一个简单的图形、一些最基本的色彩知识都不能理解,更别说进行想象和绘画创作了,一时之间手忙脚乱,不知如何开展工作。正在这时,学校仿佛知道了胡老师的困难,特意请来富有教学经验的老教师进行指导,介绍学生情况,指导教学方法,听课评课,手把手地教,点点滴滴地指导,正是在这样的言传身教下,胡斌老师的教学水平有了很大提高,对于特殊儿童也有了一定的了解。

为了提高自己的专业水平,更好地开展工作,1994年胡老师考取了首都师范大学书法专业，继续进行书法艺术的学习。学习是快乐的也是艰苦的，边工作边学习，胡老师几乎把所有业余时间都用来刻苦练习书法，由于成人教育在晚上上课，下课后已是晚上 9 点，再赶回朝阳的家，有很大困难，学校领导了解到这个情况，不但鼓励她学习，还想办法解决实际困难，特意在学校里为她安排了宿舍，解决了她的后顾之忧，使她更专心于工作和学习。这一学就是 8 年，包括三年专科三年本科两年研究生课程班的学习。经过 8 年的书法专业学习，她对书法的理解更深，这为以后将书法运用到特殊儿童治疗打下了坚实的基础。

1997 年，海淀培智学校与香港大学、中国教育健康研究所合作进行了书法对特殊儿童治疗效果的研究。学校领导让胡老师主要负责，参与课题组进行实验研究。面对京港两地的知名学者，她深感自己的知识有太多的欠缺。在专家的推荐和学校领导的大力支持下她参加了为期 3 年的国家高级心理咨询师培训班——中德高级心理治疗师连续培训项目的学习。她所学的书法学、心理学以及心理咨询对她来说是陌生的，为了能跟上培训的教学内容，她开始了艰苦的自学之路，报名参加了北京市心理学自学考试，通过两年的刻苦学习，通过 13 门专业课的考试，顺利取得北京市与北京大学联合授予的心理学专科毕业证书。通过 3 年 6 个学期，每学期 12 天的集训，在德、中两国的心理治疗专家的大力培养下，胡老师对心理治疗与心理咨询有了一定的理解。完成培训作业，获得中德高级心理治疗师连续培训项目——催眠与行为治疗专业结业证书。胡老师在"十五"期间于首都师范大学进修书法艺术教育硕士研究生主要课程，获结业证书；完成基础心理学硕士研究生主要课程，获结业证书。

胡老师深深地知道，要给学生一滴水，教师要有一桶水，甚至教师要具备长流水。她也从来没有放弃在书法艺术上的追求。每一天的书写练习是她的常规项目，经过不懈的努力，她加入了海淀区书法家协会、北京市书法家协会，在市、区艺术比赛中多次获得奖项，书法作品多次收录于出版物，2008 年书法作品被北京奥组委选中出版发行纪念邮票。

随着时间推移，胡老师逐渐成长，对特殊儿童的美术教学也有了更深的思考。作为一名特殊学校的美术教师，每天面对的是智力、精神有问题的特殊儿童，教育对象的特殊性要求老师们的教学一方面要提高学生的认知能力；另一方面，还要有心理矫正和康复训练的功能。如何对智障及自闭症儿童进行有效的教育训练？这些问题一直困扰着她。

在与香港大学心理系的合作项目中，胡老师始终在进行试验和研究。

胡老师发现书法与心理相结合针对智障及自闭症学生进行教育训练是一条可行之路。但说起来容易做起来却存在许多困难。书法和心理如何结合，怎样进行操作，怎样通过书法调节特殊儿童的心理状态，书法心理治疗是一个全新的治疗方法，还停留在实验阶段，将它运用到治疗中还有很多难以解决的技术问题，甚至可以说每一个环节都是难题。

虽然困难重重但都不能阻止胡老师探索的脚步。她努力坚持在书法与心理治疗相结合的领域进行实践。从轻度智障学生的群体辅导，到自闭症学生的个案研究，通过10年的实验和研究，搜集了大量的数据、照片等一手资料，积累了十万字的实验报告和个案记录。这十年来的实践遇到过很多困难，设计的实验方案经常无法执行或者达不到预期效果。有的时候进入停滞期，某一个问题，一两年都无法解决，每当这个时候。她就深入学习，不但有心理学、艺术学、特殊教育方面的知识，还学习其他相关学科的知识和内容，如艺术治疗、沙盘游戏治疗、舞蹈治疗、人类学以及科学的研究方法等人文学科，开阔眼界，提高能力。通过广泛的学习，胡老师提高了自己的研究能力，终于在实践中摸索出一套对智障及自闭症儿童有明显作用的书法心理治疗方法。

书法心理治疗包括身体放松、音乐调节、诵读练习、毛笔书写练习，讨论交流等一系列环节，这些环节中包含了音乐治疗、行为治疗、语音治疗等方法的运用。实验证实这一方法对特殊儿童的心理调整具有显著效果。胡老师相关的多篇研究论文在国内一类杂志发表，研究成果多次获得市、区教科研部门奖励。

在工作中，经常有特教界的同行来学习、听课，胡老师也经常到其他学校介绍书法心理治疗的方法与经验，受到大家的欢迎。这使她有了一个新的想法，既然她进行的实践取得了一些成果，能否写一本有关书法治疗的书，向大家详细介绍书法治疗呢？就在这个时候，学校领导知道了她的想法，予以大力支持。

刚开始一切毫无头绪，每一天胡老师都在问自己写什么？从哪儿开始？最终她确定了自己的目标，她要把她所做的经验与大家分享，把她在书法治疗这个领域的思考提出来供大家参考，也许她的理念还不成熟，但是她想在这个领域尽自己的绵薄之力，带给别人一些启发。抱着这样的想法，她开始了书稿的写作。多少个不眠之夜的思考，多少次挥汗如雨在电脑前奋"键"疾书，历经一年，终于完成了《书法心理治疗》16万字的初稿。

这本书介绍了书法作为心理治疗的理论依据、操作技术及在智障和自闭症儿童中的使用。从心理学和心理治疗的角度探讨了书法这一传统文化和艺术现象在现代心理治疗中的应用。大量的心理实验研究、咨询案例说明书法除文化、艺术价值之外，还可以作为一种心理治疗的手段对智障儿童、多动症儿童、自闭症儿童和成人神经症、心身疾病及老年人痴呆症等产生一定的康复调节效果。

这本书是胡老师10年来的思考、实践的结晶，也是海淀培智教科研成绩的展示。这个过程中离不开领导的支持和专家的帮助，离不开海淀培智这片沃土，正是国家对于特殊教育的重视，海淀培智领导开放的思想，先进的办学理念，大胆放手尝试的胆略和对教师大力的培养与支持才使得胡老师从一名普通的美术教师成长为一名优秀的特殊教育工作者。未来她将继续在这片沃土上耕耘，为祖国的特殊教育事业奉献自己的力量。

/三/ 不一样的班级不一样的管理

如何当好班主任，是有班级教育以来就经久不息的话题。如何当好特殊班级的班主任，成了特教工作者不懈的努力和追求。面对这个特殊的班集体，肩负着学生的健康成长、肩负着家长的热切期盼、肩负着学校的稳定发展，只有让自己更加强大，才能承担这些异常重大的责任。

"紫禁杯"优秀班主任的班级管理故事

折翼天使，让我伴你飞翔

来到海淀培智已经是第 20 个年头了，曲丽云老师也从一名普通的特教教师成长为"紫禁杯"优秀班主任。从来到学校的第一天开始，她的命运就和这些折翼的天使们联系到了一起，陪他们玩耍、陪他们欢乐、陪他们共同面对情绪上的困扰。这些在其他人看来再普通不过的事情，却成为了曲老师每天工作的重点。

2003 年，曲老师成为二年级的班主任，怀着长久以来对工作的热爱，她意气风发地走进教室，但这是怎样的一种沸腾场面啊！几个孩子在教室里奔跑，一边跑一边大声地叫喊着，时不时传出："哦哦哦，你，神经病啊！""老师他打我！"总之冲入她耳膜的是一阵阵喧闹的喊声，孩子的喊声。放眼看去，总算还有几个老老实实坐在座位上的。再一看，毛毛正坐在座位上尽情地玩着口水，嘴里还吱吱地叫唤着。曲老师正在发愣，又一阵骚乱打断了她："老师，丁丁跑啦！"随即，几个孩子先后奔出教室去抓丁丁，而丁丁索性躺在地上等着别人冲过来，"还跑不跑了？""不跑了。"丁丁刻板地回答着，可刚起身，丁丁又边跑边回头地朝着相反的方向跑去。抓回丁丁，孩子们习惯地把教室的门锁上，还搬来一张课桌堵在门口，鹏鹏又轻车熟路地坐在课桌后面挡住出去的路。

　　至今这个画面依然清晰地出现在曲老师的记忆中，可正是当时的坚持让她和这些孩子们一起走过了7年的岁月，亲眼见证了当年那些孩子们的成长。

　　这个班有15名学生，孩子的残疾类别有很大的差异，智力障碍、自闭症、精神障碍、多动症、苯丙酮尿症等。他们空洞、游离的眼神中找不到焦距，喃喃自语着沉浸在自己的世界中；他们听而不闻，视而不见，往往伴随着这样或者那样的行为问题；他们常常不知道什么时候情绪会突然爆发，那一拳不知会打向哪里。

　　面对这样的班级，曲老师相信："障碍是相对的，通过教育介入和环境的影响，每一个智力障碍儿童都有可能实现适应家庭、适应学校和适应社会。"我国的特殊教育起步较晚，许多专门研究还不深入，有的特殊病症至今还没有找到原因。为此，曲老师常常利用休息时间看书、上网查资料、请教专家，丰富自己专业的知识，为工作提供了充实的理论依据。每天她都会从探究的视角去观察每一个孩子和他们所做的每一件事。每个学期都会根据每个孩子的病理特征、学习特点与认知特点，和家长一起为每个孩子制订长期、短期的发展性目标和详细的适合他们的个别化教育计划，用"温柔的坚持"引导孩子建立正确的行为习惯，从而实现他们学习的可能。

　　智障儿童多以自我为中心，缺乏与人沟通、交流的能力，不会关注别人的感受，孩子们之间更是缺少互动与谦让。嘉嘉就是这样一个让很多老师头疼的孩子。以前的他，只要一进到教室，总是能很轻易地挑起班中的喧闹。

面对嘉嘉，曲老师想的是如何走进他的内心世界。开始曲老师非常耐心地听嘉嘉絮絮叨叨地讲一些不着边际的话，从混乱的话语中找出他关注的话题和他聊天，挑选上课时发生在他身上乱喊乱叫的现象

和他展开讨论，把自己的意见告诉他，告诉他怎么做会更好，也告诉他坚持自己做法的后果以及别人看到他犯错误后的感受。曲老师还告诉嘉嘉："如果你想让老师和同学看到你在做什么，不应该做出错误的行为去吸引别人，因为那样别人只能用批评来对你，我想你肯定也不会喜欢，你应该……"几天后，嘉嘉在玩玩具的时候，突然说："曲老师，你过来看看我吧，汽车！"曲老师马上走到他身边装作好奇地看了看他手中的玩具，并鼓励他和同学一起配合完成更复杂的游戏。以后，经常会应他的要求猜猜他手中的玩具，他好像找到了了解他的人，会经常征求老师的意见，听一听老师的评价。现在嘉嘉经常说的一句话就是："我要把玩具和小朋友一起分享。"遇到妈妈给自己买东西的时候，嘉嘉也会主动提出要给班里 15 名小朋友一起买礼物。偶尔，嘉嘉还会说出很感人的话："亲爱的曲老师，我好爱你啊！""多么美好的阳光！""老师，我拿吧，你需要休息一下。"现在班里默默关心别人、帮助他人的孩子多了，爱的气息逐渐围绕在了每一个孩子的周围。

随着孩子年龄的增长，曲老师开始培养孩子们关心身边的人，她会故意创造一些情境，然后再寻求孩子们的帮助，每当一个个孩子冲到她身边帮助她完成一件小事的时候，她会看到孩子们脸上露出帮助他人后的快乐笑容，她也觉得自己的心被喜悦涨得满满的。当孩子们进入高年级后，如何培养孩子们的劳动意识与责任感又成为曲老师工作的重点。她会给孩子们安排一份适合的工作，给他们设计好工作的流程，带着他们克服工作中可能遇到的困难，让他们学会适应。她会创造人际沟通的机会帮助自闭症孩子学习如何与人正确交往。

曲老师始终相信感动自己才能感动别人，她真诚地对每位家长说："虽然我不是母亲，但是我能体会到作为母亲的辛劳，我愿意和大家一起去分享快乐与痛苦。"作为班主任，她心里始终装着全班的孩子和家长，她会很细心地去发现每个孩子身上的点滴进步，及时反馈给家长，做到让孩子开心，让家长放心。每天她都会以最真诚的笑容去迎接、感染每个孩子和家长；每天用和家长一样的眼神注视着开心的孩子；外出活动时穿上和孩子们一样的红色 T 恤衫，融在孩子们的中间。家长看到老师和自己有这样那样残疾的孩子是那样亲，那样近，无不感受到老师对他们特殊的孩子的爱。7 年来曲老师一直坚持与家长使用沟通本的形式进行沟通，从未间断。至今她与一个家长的沟通已达万余字，字里行间她不仅清晰地记录了孩子在学校的生活情况，还会及时向家长推荐有关教育的理论与书籍，与家长共同探讨教育方法，为家长排解工作、生活的压力。

"妈妈，13 年前的今天，你把我带到人世间。妈妈，13 年后的今天，你亲手为我点燃了生日蜡烛。妈妈，我知道我曾是你的王子与骄傲，妈妈我知道我曾让你哭泣与失望……"这是曲老师在一个孩子生日时写下的一首送给妈妈的诗。这首诗也记录了每个特殊孩子家庭的心路历程。如今，她和 15 名孩子共同走过了 7 年的时光，亲眼见证了这些折翼的天使如何在爱的帮助下重新展翅高飞。她想说的是："孩子，当你折断翅膀时，我为你心疼，我用我的爱为你疗伤，折翼天使，让我伴你飞翔！"

点名课，让孩子成为按时上学的好学生

2011 年 9 月，曲丽云担任了四年级一班的班主任，当她像往常那样走进教室时，却发现本应该热闹的教室却只冷冷清清地坐着一个学生，看了看表已经是 8 点多了，学生们都还没有来上学，这是她担任班主任这么多年以来第一次遇到的情况，让她有点儿不知所措。通过几天的观察曲老师发现，这个班的家长、学生对于准时上学的观念比较淡薄，经常是已经上课很久了，学生们才慢悠悠地背着书包走进教室，大家对这样的现象似乎也见惯不怪了，丝毫不考虑上课教师的感受。看到这样的现象，她觉得必须解决这一个老毛病，于是她想到了用点名课和代币制方式激励学生按时上学，培养学生热爱学校。

曲老师制作了一个精美的签到板，上面有每个学生的照片，之所以采用照片的形式，主要考虑到很多自闭症学生对于名字这种形式理解不够，不能把姓名与自己联系到一起，采用照片的形式给了学生充分的视觉提示，学生通过照片就可以准确找到属于自己的名牌。这个签到板挂在教室的门口，曲老师告诉学生们，这是大家是否准时到校的标志，并详细讲解了该如何使用。而学生们一到学校，就把自己的照片摘下来贴在自己座位前方的日历上表明自己已经到校。

曲老师又给学生们详细讲解了如何使用日历，用了一个月时间教会学生认识日历上的日期，然后给每个学生的座位前粘贴了一份属于自己的当月的日历，上面有学生自己的姓名。学生将在签到板上摘下来的照片贴在自己的日历表上，是否按时到校获得的奖励都记录在上面，这样一来，既方便了学生认识日历，快速找到自己的座位，同时又能随时让学生看到自己的得奖情况。

曲老师告诉学生们，设立奖励制度主要是奖励那些能够按时到校上学的同学，具体制度为：① 8 点之前到校的学生，摘下照片贴在自己的日历上，能在当天的日历栏上获得两枚印章的奖励；② 8:25 之前到校的学生摘下照片贴在自己的日历上，可以获得一枚印章奖励；③未能按时到校的学生则没有任何奖励；④每月的月底将根据学生获得印章的枚数兑换相应的奖品。一等奖：全月准时出勤，学生可以根据自己的喜好挑选喜欢的奖品；二等奖：迟到两次，教师按照学生情况发放奖品；三等奖：迟到 4 次及以上，不发放任何奖品。

做好上面的准备工作以后，曲老师利用每天的第一节课时间实施点名活动。第一步：先由学生说出今天是 × 年 × 月 × 日星期几以及当天的天气情况，再让学生在日历上用彩笔划去昨天的日期，表示昨天已经过去；第二步按照学生的学号进行点名，学生听到老师叫名字后答"到"；第三步：全班到校的学生一起来说出未到校上课学生的名字；第四步：一名学生负责点数到校的人数；第五步：老师总结当天学生到校的时间与情况；第六步：学生根据老师的总结在自己当天的日历上盖上印章。

点名课实施了近一个月后，收到了很多意想不到的效果。班级内学生的到校情况发生了变化，学生们树立了按时到校的观念，按时到校的学生越来越多了，很多学生尽管家住得离学校很远，但是仍然能主动提醒家长要按时上学。学生们对于日历的认识明显进步，班级内 16 名学生基本都已经认识日历，并能准确找出当天的日期；自己亲手盖印章的环节，极大激发了学生参与课堂的积极性。实现了学生间的互相关心与帮助，自闭症学生也开始关注班级内的变化，很多学生主动帮助能力较差的同学。学生们也极其重视自己的获奖情况，每天都会有学生围在日历前数自己或者其他同学的印章数，然后商量要换取的奖品。一天，班里脑瘫情况最严重的一个学生在打第一节课上课铃时匆忙跑进教室，主动向老师解释晚到的原因是因为堵车了，看着学生气喘吁吁的样子，曲老师知道，对于他来说已经尽力用最快的速度跑到教室，他心中非常珍惜老师给予的奖励，也达到了让学生树立按时上学的观念的效果。

点名课在激发学生按时上学热情的同时，也收获了很多意想不到的效果。曲老师在严格执行制度的同时，也采用了人为变通的方式为一些有困难的学生放宽了条件。例如，班里有一名严重癫痫的学生几乎每天早上都要发作，所以根本不能按照老师的要求准时来上学，为了保护学生的自尊心，曲老师告诉他，只要坚持来上学，老师一样会给他奖励。这样，既做到了制度的严谨性又不失人情味。同时她也把这样的决定告诉了班里的其他学生，得到学生的同意，在师生共同认可的情况下对特殊情况实施了特殊的要求。

【启示】

小小的一节点名课，把原本说教解决不了的问题，通过教育手段的改变形成了学生的内在动力，让学生真正认识到准时是多么可贵的精神，在外在教育与内在教育相互作用下，达到了预期的效果。

【相关链接】

记者走访基层班主任（记者 张晓震）

这是一所特殊的学校——身处闹市却又远离喧嚣。这里生活着一群特殊的学生——智障生、脑瘫生、自闭症学生；这里还有一批特殊的教师——明知培养的学生成不了什么才，却数年如一日地默默地做着寻求还人尊严的平凡工作。这所特殊学校就是北京市海淀区培智中心学校。10月8日，十一长假后开学第一天，记者走进这所特殊的学校，见到了教师中的一位杰出代表——2011年"紫禁杯"优秀班主任一等奖获得者曲丽云老师，体验她特殊的教学生活。

"帮我带他再蹦一个来回"

课间，楼道里，气喘吁吁的曲丽云正招呼自己曾经带过的高年级学生帮忙。

今年 9 月,她刚接手一个四年级新班,班内有一个叫小浩的学生。记者见到曲丽云时,她正忙着给这个孩子在腿上系沙袋。

小浩是班内 4 名自闭症患者之一。"这位学生表达情绪的方式是大声哭喊,虽然十二三岁了,但像幼儿园小孩一样,不知道如何表达自己的需求,唯一的方式就是哭喊。"曲老师介绍说,"这孩子的另一个特点是特依赖人。"

认识到这一点,曲老师就尽可能训练他的"规矩意识",哭喊是难免的事,小浩还选择了跑的方式逃避。对此,曲老师发明了新招数,给他绑上沙袋后带着他蹦楼梯,让孩子通过增负提高本体感,降低敏感度,同时也提高了体能训练的强度。几个回合下来,曲老师自己累得气喘吁吁,小浩也累得坐在地上。于是就出现了曲老师招呼自己的高年级学生替自己带学生蹦楼梯的情景。当然,她还不忘在小浩屁股上轻轻推一下,鼓励说:"加油,孩子!"

对这种近乎"残酷"的方式,曲老师说:"像小浩这样的学生将来要在社会上立足,起码先要有规矩意识和服从意识。这正是学校教育和一般家庭教育不同之处,缺乏理性地一味溺爱只会毁了孩子。"

赞美让他笑靥如花

课间,操场上,不知为何,小林在被曲老师"耳语"了一番后,原本就俊俏的小脸忽然灿烂地笑了起来,像一桩极大的愿望忽然得到了满足,那种惊喜的神情触动记者敏感的神经。

原来,曲老师告诉他,他做操的样子最美、最可爱,边说还边和他碰了下额头,以示奖励。想想对待小浩的"严厉",记者私下很有些"抱不平"。曲老师介绍说:"这孩子是另一种类型。他非常需要亲情,所以就需要随时表现出对他的关注,让他体会到对他的真诚的爱。学期刚开始时,有一次我也曾对他'严厉'了一回,不过立刻就后悔了。孩子眼里传递出来的那种不安和绝望给我印象太深刻了,永远难忘。"

从外表上看,小林显得很是帅气(这也是曲老师常说的一句话),只是不常通过表情表现出来,当别的学生在老师的带动下沉醉于游戏中时,他仿佛有自己专属的世界。曲老师说:"这孩子很敏感,尤其是对声音。当听到别的学生大声哭喊时,他就会用双手把自己的耳朵紧紧捂住,脸上显现出极端痛苦的表情。"

曲老师说，许多家庭发现自己的孩子有这样那样的问题时，往往选择生育二胎，小林的家庭就是这样。有了第二个孩子后，家长的爱就会不自觉地转移，成人不觉得，但孩子对此却十分敏感。对这种孩子，最重要的是给予安全感。

在这个孩子身上，曲老师给予更多的是母性的温柔，她毫不吝啬自己的拥抱和亲吻，当然时不时也会板起面孔，用表情表达对小林表现的不满意。

"这孩子很有潜力"

在曲老师眼里，有一群"有潜力的学生"，他们智障较轻，经过几年的学习和训练后，不仅能自我独立，而且可能会成为走向社会的人。

小刚膀大腰圆，记者见到他时，他正挨"批评"，原因是曲老师放在班内的一盒薄荷油不见了（注：由于面对的孩子特殊，班内备有各种小物品）。在经过一番"较量"后，小刚乖乖地从垃圾筐里把薄荷油给拿了回来。

对这类孩子，曲老师的态度是严加要求，甚至主动找茬——比如，做游戏活动时，曲老师为了活跃气氛，先设定一些规则，然后就会说："小刚，你错了。"小刚就会争辩说没错。于是曲老师让其当众演示，其结果自然可想。

曲老师说，对这种有潜力的孩子，必须严加要求，让他们养成规矩意识和守规则的习惯后，他们将来才能更好地适应社会生活。

曲老师说："特教老师，不仅要像父母一样爱这些残障孩子，包容他们的一切，更要专业、理性地解决孩子身上发生的各种问题。干我们这行的，不求他们成才做精英，但求他们毕业后能通过老师的教育，能在社会中赢得做人的尊严，做个有尊严的人，平等地参与社会生活。"

班级经营妙招连连

"分享区"

★ 目的

让学生学会和同学们一起分享食物和玩具，并能体会分享的乐趣。

★ 适用年级

低年级学生。

★ 做法步骤

1. 准备一个分享（可以放物品）的柜子，在上面贴上"分享区"三个字。

2. 把学生从家中带来的食物，发给同学们，老师总结分享的意义。

3. 同学们把想要分享的食物或者是玩具，带来放在分享区中，每天由一名学生在课间操后进行分享活动，在活动开始时可以对自己想要分享的物品进行描述。

4. 制作一个分享记录表，在上面贴上所有学生的名字，在名字旁边扎上数个小图钉，当学生带来想要和其他人分享的食物或者玩具之类的物品时，就可以给这名同学挂上一个小星星，每周统计一次，可以得到友谊之星的奖励。

5. 将分享活动的内容逐渐进行扩大。

"爱的餐桌"

★ 目的

为了满足学生课余时间人际交往、发展友谊的需求，为学生间、家庭间的交流奠定基础。

★ 适用年级

中、高年级。

★ 做法步骤

1. 请每位学生在家长的指导下做一道拿手菜。

2. 联系家长，选择一位学生家庭作为活动地点。

3. 向每位学生发邀请函,确定活动时间。

4. 请各位学生带着自己的拿手菜到活动地点进行聚餐。

5. 活动中,请学生各自介绍自己的拿手菜:原料、简单制作方法等。

6. 所有学生和家长品尝美餐,评选"最美味菜品""最精美菜品""最营养菜品"等奖项。

虚拟的生日会——互赠贺卡和礼物

★ 目的

让学生和他们的家长对现在的班级产生归属感,让学生之间相互熟悉、交流,增加集体的凝聚力。

★ 适用年级

送教上门学生。

★ 做法步骤

1. 调查学生的生日日期及他们喜欢什么。

2. 教师分别把每个学生的自我介绍录下来放给其他学生看。

3. 当学生的生日来临前做一张贺卡,每个学生都在上面写或画,表达自己的感情。

4.根据自己的能力为过生日的同学制作小礼物。

5.收到礼物的学生说说自己的感受并录像给其他同学看。

【相关链接1】

学校师资发展状况

海淀培智学校1987年建校，从建校之初的十几人发展到今天的68人，在学历、专业构成等因素上越来越趋于成熟。2009年至今是教师快速发展的时期，3年内吸收新教师25人，其中研究生6人，其余均为本科生，专业构成以特殊教育为主，兼有教育技术、运动人体力学、体育、音乐教育等专业。学校现有"80后"年轻教师33人，占教师总数的46%。学校师资向着高学历、年轻化、多专业发展。

目前学校教师人员构成与学历构成如下图。

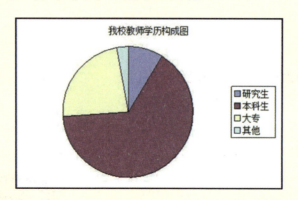

【相关链接2】

关于青年教师队伍建设的思考——摘选自《中共海淀区委教育工委基层党组织深入实践科学发展观活动调研报告选编》

海淀培智学校是海淀区唯一的特殊教育学校，不仅担负着海淀区残疾学生教育教学以及康复的所有工作，还承担教育部为各地特殊教育教师培训的重任。学校的发展与每位青年教师的发展息息相关，学校的发展也关系着每位教师自身的成长。给每位教师提供平台，同时可能会难以满足青年教师个性发展的需要。

　　年轻教师对于工作的选择、职业发展规划、个人目标等方面更具有多样性、多变性和不确定性特点，以这个群体取样，更能反映新一代环境下成长的青年教师真实的状态。如何走进老师的内心世界、关心老师的需求、为青年教师成长提供良好的空间，促进青年教师队伍的发展与学校的发展紧密相连，也是学校的迫切需要。

　　那么，学校要如何去满足青年教师专业成长的需求？如何去创造一个更为有利的发展空间和环境？结合学校的实际、正在做的和即将做的工作，提出以下的一些应对措施，以期能够加快我校青年教师队伍的建设。

　　（一）尊重激励

　　人总是希望得到尊重而不是贬抑，青年教师经过角色适应期，逐步进入到主动发展阶段，教学科研工作逐步进入正轨，在这一阶段，青年教师需要学校营造一个自由、宽松、平等的学术生态环境。青年教师依托的特殊学校自身需要不断地创新和发展，为他们提供一个更为广阔的平台。此外，在工作中得到领导、同事、学生的肯定也是对青年教师尊重激励的重要方面，对青年教师取得的成绩及时而又肯定的评价，并通过物质激励和精神激励相结合的方式加以强化，有利于特殊学校青年教师自信心的树立和自我尊重的满足。

　　（二）人生观、价值观激励

　　青年教师刚跨出学校大门，尚处在人生观、价值观的形成时期，要及时对其进行人生观、价值观的教育，引导他们在学校提供的广阔舞台上寻找实现自我价值的位置，充分发挥自身的聪明才智，实现自我价值和社会价值的统一，同时还要通过加强政治学习、加强职业道德教育等途径，激发青年教师的主体精神，培养他们积极进取的人生态度。

　　（三）利益激励

　　在市场经济背景下，有效的激励必须与物质利益结合起来。青年教师一进校就承担了繁重的教育教学任务，理应给予合理的报酬。青年教师工作量大但资历浅，报酬和付出往往不相适应，这就需要特殊学校的管理者构建一个完善的报酬激励机制，报酬的多少应与工作业绩挂钩，并建立向青年教师适度倾斜的评价体系。这样，不但可以满足青年教师的物质需要，而且也体现出了公平激励的原则。

　　（四）情感激励

　　青年教师有渴望尊重和归属感的心理需要，他们需要别人的理解和信任，信任是青年教师健康成长的土壤，理解是青年教师沟通情感的桥梁。学校领导和老教师要关心青年教师的切身利益，努力创造条件切实解决他们的实际困难，帮助他们排除心理障碍，使他们在和谐的环境中安心从事教育教学工作。我们积极组织工会活动，召开青年教师座谈会，开放青年教师活动室，给青年教师情感的依托。

（五）培训、进修激励

其一，健全青年教师导师制。导师在培养过程中会无形地促进青年教师自我教学特色的形成。学校开展了拜师活动，让青年教师和经验丰富的老教师结为师徒，给予青年教师充分的教育教学空间，营造一个和谐的"师徒"关系，双方在宽松的环境中共同进步。

其二，加强青年教师职业技能培训。学校有计划地聘请全国知名专家对青年教师进行教育学、心理学和教师基本素质的培训，鼓励他们深入教学、科研一线，提高业务水平和专业技能。有计划地选派青年教师参加各级各类培训。支持青年教师参加一定数量的学术交流活动，通过后续的培训使青年教师的专业技能尽快提高。将青年教师推到前台，"给任务""压担子"，促进他们更快成长。

（六）竞争激励

公正、机会均等的合理竞争是调动教师积极性的有效方法。通过合理的竞争可以正确区分素质和才能的差异，使优秀的青年人才脱颖而出。

加强青年拔尖人才队伍建设。选拔一批政治素质好、业务水平过硬、有较高科研教研水平的青年教师作为学校的青年拔尖人才。在培养过程中，既要有培养措施和激励政策，又要有动态考核，使青年教师在教育教学过程中自觉形成你追我赶的竞争态势。

竞争激励目的是营造一个积极向上、勇于争先的良好竞争氛围，而不是让青年教师对自己的未来感到更加困惑。因此学校在人才引进和人才培养、晋升、表彰等方面既鼓励竞争，同时又要稳定校内现有人才，用好现有人才。

（七）自我激励

通过座谈会或者是个别的谈话，建立青年教师自我激励的氛围。

其一，学会自我调节。青年教师要减轻自身在工作学习生活中的困惑，必须学会自我调节。青年教师要把自己未来发展的前途和所在学校的发展紧密地联系在一起，积极提高自身政治素质、文化素质、业务素质、教科研素质，不断充实完善自我。

其二，学会自省。过高或过低的自我评价都不利于自身的发展，当青年教师遇到困惑时，要正确认识困惑的根源，通过自省加以解决。多参与社会活动，建立积极的人际关系，提高修养，从而增强对挫折的免疫力。

（八）成就激励

每一位青年教师都有一种求成的需要，这就是成就动机，如果因为种种原因磨灭了成就动机，就会导致负向发展。成就激励应注重内在激励与外在激励的有机结合，内在激励如激发认知内驱力，是与认知活动本身联系在一起的，因而更为持久、稳定，外在激励是为了满足某种外在的要求，因而是暂时的。因此要以内在激励为主，外在激励为辅。此外，成就激励应讲究公平的原则。管理者在评价和对待教师时，对所有的人表现出来的成就应一视同仁、公平合理、奖罚分明，努力消除不公平、不合理的现象。

第四章

让现代社会实现和谐的发展

培智学生作品

校长心语

　　自地球出现人类之始，就已经存在智力落后这种现象。对这些人的了解和认识是随着人类文明的进步而不断深化和走向科学的。他们的存在永远都会让世界更加和谐。

　　不管有没有支持，有多大的支持，海淀培智都肩负着巨大的社会责任。同样，我们也知道，这个责任不是一个学校的责任，而是整个社会的。为了共同承担起这样的责任，我们打开学校的大门，给了社会很大的开放。我们谈社会和谐，似乎提法很大，但是我们的落点很实，落在每一次的接待和开放上。每年有很多人来到海淀培智，来这里感受师德：师德可以引发对人的概念，对生活的态度，一定要保持乐观，不要去埋怨什么，这是特教人的品质。来这里感受专业：特教教师具有很强的专业研究精神，克服困难，不怕困难，这是特教人的执着，来到这里的人都会受益。

　　在办学中我们一边让智障学生享受优质的教育服务，一边向社会广泛宣传智障教育，特别是把智障学生带入社会中，不仅使他们得到社会的帮助，更重要的是使我们的社会更具爱心，让人们看到了差异的存在、让人们懂得关心帮助、更有爱心、珍惜自己已经获得的……

/一/ 这里是一个开放的环境

　　海淀培智从建校起就是一个开放的环境，不仅在专业技术上"走出去、请进来"，而且肩负了太多的社会责任。这里是海淀区师德基地，不管是普校教师还是公务人员，都是他们师德教育、道德建设的阵地；这里是海淀特殊教育的代表，时刻准备着迎接国内外的特教同人、普校同行来观摩交流教学经验。在这里可以感受师爱的温度，在这里可以汲取专业的力量，在这里可以体验进取的壮志与豪情……

放飞梦想，与爱同行——师德基地建设

特殊的师爱，教育的"正能量"

　　今天看到这些特殊孩子的表演，我觉得这真是不可思议，这可是有着各类障碍的学生们，他们的表现太精彩了，简直不敢想象。我最敬佩的还是这里的老师，年轻漂亮学识高，他们太让我佩服了，这使我联想到我自己，看来我真是需要静下来重新审视一下自己的教育思想与教育方法了。

　　　　　　　　　　　　　　　　　　　　　　　—— 来自普校的教师的留言

　　说到特殊教育，人们不由地把"崇高""伟大"等赞誉之词予以冠之，也有人会投来不解与歧视的目光。智障教育在我国发展时间较晚，人们缺少对它的认知，对于它的了解也仅仅是教一群智力有问题的孩子，具体这些孩子是什么样？如何去教？知之甚少。长期以来这里的老师从不去理会社会偏见的目光，而是苦中作乐，用无尽的师爱、专业的知识呵护着这些迟开的花朵。

　　提起师德基地，还得从 2009 年年初的一通电话说起。那是一天上午，于文校长接到海淀区进修学校的电话：希望能够让海淀区的新任教师到培智学校来进行师德培训。于校长一听连忙应允，这可是对双方老师都很有教育

意义的机会。紧接着于校长就找来负责德育的张继兵主任商讨培训事宜，和进修学校的培训部老师商定方案，接下来就是一系列的安排部署。新任教师培训活动在全校老师们精心筹备下如期举行，此次活动分为两个部分：一是了解特殊教育，培训展示部分；二是走进特殊教育，学习和观摩部分。于文校长在大会上做了"打造特教品牌、创造社会和谐"的专题培训。青年教师曹燕结合自己的从教历程，跟大家进行了师德事迹交流。

孩子们更是拿出训练已久的技能，展示自己的才艺，活动现场一下子沸腾了，在场的人感叹连连，赞叹声不绝于耳。如果说现场部分使大家的心灵受到震撼的话，那么走进课堂，观看学生们的教学活动，和孩子近距离地接触，称得上是对培训者教育思想的猛烈冲击。此次培训获得空前好评与肯定，甚至有的老师在活动过后紧紧拉着特教老师的手久久不肯离去……此次接待任务引发的强烈反响对于培智学校的老师们更是一种鼓舞与激励，从此这里的老师们在自己的特教舞台上更是毫无牵绊地挥洒自己的智慧与技能。

此后学校再一次被海淀学区授予教师师德基地的荣誉，并隆重举行挂牌仪式，承担起海淀学区师德见习培训任务。新的一年里学校又承担了海淀区新任教师培训。大家都为这个荣誉感到无比自豪，心潮澎湃。随着海淀培智

中心学校成为师德示范校（实践基地）后，来自全国各地的包括普通小学、普通幼儿园、特教同人、新入职教师等，几十次来到海淀培智进行职业道德实践培训或参观学习。

【启示】

爱是阳光，记得有这样一句话：哪怕天底下所有的人都看不起你的学生，做教师的也要含着眼泪去欣赏、拥抱、赞美他。是的，特殊的师爱就是学生心中的阳光，不断给学生们带来温暖与快乐，点亮他们的人生之路。在海淀培智，满满的都是爱的故事……

《今天我更知道……》——一位普教老师的师德基地之行

"有一首歌最为动人，那就是师德；有一种人生最为美丽，那就是教师；有一种风景最为隽永，那就是师魂；不要说我们一无所有，我们拥有同一颗火热的太阳，我们拥有同一片广阔的天空。在同一片天空下，我们用爱撒播着希望……"

师德基地这个名字得来并不偶然，它的意义也不能用一个地址或名字来展现，它的出现就好像一块大磁石，由于它的引力很大，引来了很多人驻足，这些人中有参观的、欣赏的、敬慕的、学习的，但毫无疑问的是来这里的所有人都被这个名字积极地吸引，他们相信师德基地可以给他们带来更多的感悟。

现在要给大家介绍的就是这样一个地方，在这里将向大家讲述一个特别的故事。你们不要着急，我们的故事就要登场了，它的名字叫作《今天更知道……》，我们快去看看吧。

这是初冬的一天，对于海淀培智的老师来说这天和往常一样，但又有些不同，因为今天会有六一幼儿园的老师们到海淀培智进行师德培训的参观活动。接待幼儿园已经不是第一次了，对于海淀培智的老师来说他们非常愿意有这样一个机会，让这些普通幼儿园的老师们能够更加近距离地看看特殊学校的老师和孩子是什么样子的，同时增加彼此沟通的机会，使彼此能够相互学习，共同成长。今天的天气微微有些冷，人们都穿上了较厚的衣服，但是海淀培智的老师和六一幼儿园的老师们都充满热情。

今天的师德培训活动主要包括参观、听课、看表演、座谈等。

表演中海淀培智老师进行了诗朗诵《在路上》，参加这次诗朗诵的老师都很年轻，也都很漂亮，他们穿着统一的服装，个个都是精神百倍。朗诵开始了，音乐声响起来了，六一幼儿园的老师们一个个睁大眼睛聚精会神地听着、看着……看，有一位老师眼圈有些发红，又有一位老师已经情不自禁地流下了眼泪。没错，这首由真实故事改编的诗歌，感动了在场的所有人，每个人都没有掩饰自己的真情实感，让自己此时的情感通过各种感官宣泄着。当海淀培智学校的青年教师激情澎湃地朗诵完这首诗后，台下暂时的鸦雀无声和之后热烈的掌声形成了鲜明的对比。通过这首诗歌他们接受了来自海淀培智师德基地的第一次洗礼。

故事还在继续，接下来是听课环节，这也是六一幼儿园老师走进学校，更加走近老师，更加走近学生的机会。一间间教室的门打开了，幼儿园的老师们进了不同的班级，从他们的表情中可以看到，他们带着很多的不确定，还有少许的期待，因为他们不清楚展现在他们面前的课究竟是什么样子的。每间教室都有一位特教老师，都有一群特殊孩子，都有几个六一幼儿园的老师，不同的是上课的内容。其中一间教室正在上思维课，孩子们在老师准备的特殊教具下正在做着练习，虽然他们的动作很慢，但是那些认真的表情还是打动了听课的老师们。另一间教室传出了美妙的音乐声，听课的老师们看得很出神，原来他们的音乐课这么有特色，孩子们是那样的高兴。透过每间教室的窗户我们能够看到同样的风景，六一幼儿园的老师们时而目光灼热、时而诚恳点头，时而又满目赞许、满脸微笑，与下课的铃声同时响起的还有教室里久而不断的热烈掌声。我们看到了他们目光中的钦佩、欣赏以及深深的尊敬。仅仅一节课，这些幼儿园的老师们就爱上了培智的孩子们，有些老师还主动与孩子聊了起来，有些老师还从包里面拿出了饼干送给孩子们，在听课的活动中每个人留下的都是快乐，课后还有许多老师围绕在授课老师身旁问了他们迫切想知道的问题。

接下来是参观活动，有专门的引领人员，带着六一幼儿园的老师们，边走边向他们介绍学校的一些情况。老师们听得专注，看得认真，中间可以看到他们手持相机不停拍照，生怕丢掉一个环节。在参观活动结束后，前来参加培训的老师都迫不及待地想与海淀培智学校老师们进行座谈。

座谈正式开始了，老师们开始发言，这时很多老师都举起了手，他们的目光都很急切和激动，有的老师说："我今天太激动了，你们的老师既专业又有爱心。"有的老师说："今天我对海淀培智有了不同的认识，受益匪浅。"还有的老师说："你们的老师都很漂亮，一个个都像师德标兵。"有的老师说："要好好反省自己，在工作中用师德标准来要求自己。"其实诸如此类的表扬海培的老师们已经听得很多了，总结起来有两类，一类是感动之词，一类是受教之词，但让海培的老师们印象深刻也是最为感动的是一位"老"教师，她几次举手后终于有机会站起来说："我今天学习到了很多，我还做了一首诗想送给海淀培智的所有老师们。"我们留下了这首诗的原稿，诗的名字叫作《今天我更知道……》

今天更知道什么是辛苦，
辛苦是培智老师一遍一遍不厌其烦地教！
今天更知道什么是美丽，
美丽是培智老师永远挂在脸上的笑！
今天更知道什么是专业，
专业是那一张张密密麻麻记录的表格和个性工作单！
今天更知道什么是尊重，
尊重是哪怕一节课始终看后面，但老师都关注他！

今天更知道什么是爱，
爱是锦上添花，爱更是对人生不断的雪中送炭！
今天更知道什么是幸福，
幸福是重新拥有健康的人生！
幸福是我们都在尽所能让更多的孩子享受幸福人生！

最后她说："谢谢培智学校的老师们，让我们今天经历了一次心灵的洗礼，一次震撼的感动，让我们更知道了珍惜！"

这首诗无疑感染了在座的所有人，诗句高度概括了他们此次学习活动的所想、所思、所得，这同时也是对海淀培智学校老师的高度认可，这次师德基地的参观学习活动取得了圆满的成功。

六一幼儿园的老师们带着微笑走了，这个故事到此也结束了，但是师德基地的故事却依然在延续着。

【相关链接】

《在路上》

你知道世界上哪条路充满阳光，
你知道世界上哪条路最漫长，
是我们的路！
我们的这条路啊，
有荆棘，也有鲜花，
有风雨，也有阳光。

每当无数充满殷殷期盼的家长，
将懵懂的孩子交到我们手里的时候，
我们肩负的不再仅仅是传道、授业、解惑，
更多是对社会的责任！

是如何让他们在几年之后，
踏上社会的那一刻，
成为一个自食其力、对祖国和人民有用的人！

我用语言播种，
用彩笔耕耘，
用汗水浇灌，
用心血滋润，

只要我的小苗能够茁壮成长，
还担心什么粉笔灰染白我的双鬓？
只要他们在人生的路上勇敢前行！
我宁愿把自己化作一粒微尘，
因为热爱，我深情地演绎着我的人生，
因为执着，我微笑着写下希望，擦去功利！

我是一名光荣的特教老师，
我无悔于自己的选择。
我是一名光荣的特教老师，
我无悔于自己的奉献。

我是智障儿童的行为矫正师，
帮他们纠正各种瑕疵。
我是苗圃里慈祥的园艺师，
精心培育残缺的花朵。
我是烈火中的凤凰，
带领受伤的小精灵们，
奋力追赶九天的太阳！
看——
朝气蓬勃的我们正走在大路上！

有些孩子，来到世界上十年了，
爸爸妈妈就没听过他的声音。
来，孩子，老师教你"啊——"

成百上千次的语言训练，
一句最简单的"爸爸、妈妈"，家长热泪盈眶！

有些孩子心理封闭，恐惧交往！
一个人在那里默默地玩儿纸。
我会投来赞赏的目光：
孩子，你的千纸鹤折得怎么那么好！
有些孩子先天脑瘫，跌跌撞撞，行走不便！
我会说：
孩子，来！
牵着老师的手，我带你去看世界！

若干年后，
当遇到一个个开着名车，住着豪宅的大学校友，
面对他们脸上的茫然和不解，
我依然还是当初那句话：
没有什么可后悔的！

我骄傲，我是一名光荣的特教老师！
在无数奉献和进取的篇章中，
我虽然无比平凡，
却拥有金子般闪亮的一页！

我骄傲，我是一名光荣的特教老师！
我把神圣而崇高的理想之灯在心中点亮，
把它高高挂在我的头顶，
让它点燃我的机智和活力，
让它照亮我的心灵和行程，
让它燃烧我的诗意和激情。

我是一名光荣的特教老师，
我把手中的红烛高高举起，

只要我的鸽群能翱翔蓝天，
只要我的雏鹰能鹏程万里，
只要我的信念能坚如磐石，
只要我的理想能永远年轻，
我情愿燃烧我的每一寸躯体，
让我的青春乃至整个的生命。
在烛火的跳动中升华，
在血液的鲜红中奔腾！
执着的追求穿透历史的云雾，
炽热的希望照亮漫漫长路。
真善美在我们的言行里结晶，
一派春光随我们爬上山岗，
满园鲜花在我们身旁绽放。

既然选择了，就永不后悔。
既然选择了，就勇往直前。
团结协作，不断创新，
传递师爱，播撒阳光！
让爱洒满人生，
让爱洒遍长路。
我们，在路上！

让中国、让世界了解海淀的特殊教育

在接待交流活动中提升海淀培智教育品质

于文校长带领着长长的队伍走进北楼，参观这里的水疗室、沙疗室、催眠室、心理评估室等专业教室。从北楼出来，走进教学楼，观摩课堂教学，或者直接走进课堂听课学习，与这里的孩子亲切互动……这样的场景常常会在海淀培智上演。接待，在海淀培智已经是最最寻常的一件事情了，几乎每周都会有来自不同领域不同行业的人们走进海淀培智。不管是教学方面的观摩学习，还是师德方面的参观交流，无论是作为接待方的海培人，还是走进海淀培智的参观者，都在这个过程中不断学习和提升着。

海淀培智学校在特教领域不断创新实践，走在了特教发展的前列，自行研发的智障学生评估系统、自闭症学生课程等被全国多所特教学校借鉴和使用。近几年，海淀培智学校接待了来自江苏、内蒙古、湖北、甘肃、青海、新疆、黑龙江、广东、天津、宁夏、河南、河北等全国近20个省市的近百所特殊学校来观摩学习，近3000人接受了自闭症儿童课程培训，专业水平得到了特教同仁的认可与肯定。一位从宁夏慕名而来的家长对海培的老师说："为了孩子，我到了全国各地不少的培智学校，一直想学习更好的教育方法。而你们这里让我感觉最新鲜，这里的孩子们都很快乐，这正是我想让我的孩子能做到的。"2012年全国自闭症现场会在海淀培智学校召开，学校接待了来自全国各地的自闭症研究专家，于文校长在会上分享了自闭症儿童课程经验。专家充分肯定了学校的自闭症研究与实践，为学校的自闭症研究增添了无尽的动力。

除了接待来自各省市的特教同人以外，作为海淀区师德基地，海淀培智学校还接待了来自海淀区以及海淀学区多所普通学校的参观与交流。2012年5月，中国人民大学附属小学20余名青年教师到学校参观，并和青年教师交流。学校德育主任张继兵向青年教师们介绍了学校的基本情况，人大附小的老师们深入课堂体验海培的活动性课程，最后两校青年教师一起座谈。人大附小的青年教师们看到孩子们在这里幸福、快乐地成长，被海培教师的耐心、爱心以及高度的责任感感动，让海培人更加坚定地去坚持这种"身在其中"的价值感和幸福感，努力让这些智障孩子过有品质的生活。

【启示】

海淀培智学校一直肩负着推动特教发展的重任，这份责任让学校一直向外界开放，一方面把好的经验介绍给那些致力于特教发展的人们；另一方面也在勇于接受外界的监督和检验，并在这一次次的接待中提高教学质量，提升教育品质。

让世界聆听中国特教花开的声音

11月，秋冬交替的季节，北京的空气里充满了寒意。而地球另一端的澳大利亚却是温暖而生机盎然的春夏时节。澳大利亚特教专家路易丝·默瑟

（Louise Mercer）的到来为海淀培智增添了几分暖意。路易丝·默瑟是澳大利亚专门从事融合教育的专家，她此行的目的就在于了解中国特殊教育的发展情况。在李莹书记的带领下，她参观了校园、观摩了课堂教学。参观完后她告诉老师们，她感触最深的就是这里的孩子都很快乐，尽管他们能力有限，但是在课堂上都那么积极地参与各种活动。之后，她与几位年轻教师进行了座谈。当听到老师会利用周末或节假日的时间，带着自己的家人和孩子，组织学生一起出去踏青、秋游、参加各种活动时，路易丝·默瑟受到了很深的触动。她告诉老师，在澳大利亚家长与教师之间的关系没有中国这么融洽，他们在学校之外基本上没有太多的交集。而中国的老师能用自己休息的时间去和学生、家长一起活动，用自己的行动更好地诠释了"融合"的意义。路易丝·默瑟表示，她回国之后，要把在海淀培智看到的、听到的、感受到的写成一篇文章，让澳大利亚更多的人能更好地了解中国的特殊教育，介绍中国特教一些好的方法和理念。

海淀培智接待的来自世界各国的特教专家、友好使者还有很多很多。来自澳大利亚的斯蒂芬·克雷恩（Stephen Crain）博士来到海淀培智，参加儿童语言健康国际研究中心在该校的挂牌成立仪式，为学校赠送了部分教学实验用具，为学生开展语言康复提供便利；美国智力障碍与发展性障碍协会主席夏洛克教授到海淀培智交流指导并对学校办学理念等诸多方面给予肯定和高度评价；英国Belvue学校每年都会组织教师和学生来学校交流，他们在课堂中和海淀培智的孩子一起上课一起活动，相互了解、互通友谊；还有德国黑森州马丁路德特殊学校、韩国同行、丹麦中国友好协会、以色列特拉维夫市议员……他们来自世界上很多的国家，他们带着世界先进的理念来到了海淀培智，当然同时也带着很多对中国特教的疑惑与误解。在他们亲眼看、亲耳听、亲身去感受之后，重新认识了中国的特殊教育，也必将把在海淀培智的所看、所听、所感带到世界不同的角落。

【启示】

　　在接待世界友人来校交流过程中，一方面向世界展示了中国特教，让他们了解了中国特教的发展情况；另一方面也开阔了海培人的视野，让老师们能与世界接轨，更新理念，学习先进的方法与技术，极大地提高了海淀培智的办学水平与质量。

/二/ 他们的残缺是为了社会的健全

　　Happy，海培的谐音，也是海淀培智的精髓所在。每个海培人都怀揣着一个梦想：让学生快乐成长，让家长幸福生活。在社会这个家庭中，海培人与家长肩并肩手牵手，希望我们的学生、我们的孩子能够走进社会，融入社会，也希望这个社会上的每一个人都能包容他们、接纳他们，共同为这些特殊孩子撑起一片爱的天空。

家校合作，形成教育合力

海淀培智家委会，倾听来自家长的心声

海淀培智就像是一个大家庭，在这个家庭中，老师、学生和家长的关系更像是亲人。很多家长遇到问题首先想到的就是告诉老师、告诉学校，不论是快乐与悲伤，都愿意和老师分享。海淀培智的家长有很多也是智障，有些就是海淀培智的毕业生，面对海淀培智的老师他们熟悉、亲切。还有一些家长，不愿意告诉自己的同事、朋友自己的孩子有问题，他们把海淀培智的老师和其他家长当作至亲好友，只愿意与他们交流孩子的情况。这个大家庭中形成了这样一种氛围：你帮助我，我帮助你，有好消息、资源大家共享，困难一起分担。

每个学期末，老师们都会与家长进行个案研讨会，交流学生本学期的学习情况，与家长一起制订学生的下学期个别化教育计划，可以说海淀培智的家长是参与学生教学活动最多的家长，家长是学生教育、教学目标制订的重要参与者，很多教学活动都有家长的参加。学校每个月都要组织家长开放日

活动，让家长们也能参与学校的教学中，全方位了解孩子在学校的情况。丰富的活动让家长们感动，经常听到家长们说："老师们的设计比我们想得要丰富、精彩多了，老师想得比我们想得细多了，我们把孩子交给老师们特别放心。"下面是家长的心声。

来自家长的真心祝愿

尊敬的米老师：

　　感谢您在过去的日子里，对东东在学习和生活上给予的无微不至的关心和照顾，使他树立起了信心。您既是孩子们的老师，又是孩子们的妈妈，从您教学的言语中看得出您是用心来对待每一个孩子，孩子们也都很爱您。天冷时，提醒孩子们添加衣服；下课时，提醒孩子们及时上厕所；学生生病了，问寒问暖；女孩子头发散了，为她们扎辫子。学习拼音时，孩子们发音不清楚，对发音方法不得要领，模仿能力差，您就手把手教他们

发音，并督促家长一起配合纠正发音。您经常针对学生的情况与家长联系，用不同的方式交流、商讨教育的方法。您的敬业精神深深地感动了一个个家长，家长们总是感谢不已。因为您真挚的爱抚，"丑小鸭"会变成白天鹅；因为您循循善诱的启迪，"淘气包"也可能成为对社会有用的自食其力的人。

　　千言万语难以表达我的心情，借圣诞、新年来临之际，衷心地祝福您在新的一年里永远年轻漂亮、身体安康、生活幸福美满、事业鹏程万里！

东东妈妈

2006 年岁末

爱的桥梁——对于沟通的感受

光阴荏苒，9月，如今我的儿子已经升至三年级了！他从一个8岁才开口说话、大小便不会自理的孩子成长为能背上书包、能乘拥挤的公交车、能全天不需要人陪同在学校上学的学生了！回想这一变化过程所经历的一幕幕，可谓感慨万千。这其中有孩子自身的努力，更是凝聚着众多人的关爱和心血！我为孩子的努力而感动，更感谢为此付出爱心、智慧与辛勤劳动的人们——亲人、朋友、医生、老师、照顾他的姐姐……

其中也有很多感悟，今天想谈一下对于通过一些活动而达到有效沟通的感受，与大家分享。先从我们三年级这学期开学发生的一件事说起：9月1日开学了，我带着孩子来到新的教室，映入眼帘的除了熟悉的同学和老师，还有靠黑板处一摞精致的服装盒，我正诧异，张老师先开口了："这是班里两个孩子家长送来的新班服。"回家穿上一试，既合身又帅气，面料还很考究。我很感动，十多个孩子呢，大小肥瘦尺寸不一，这衣服就跟给自己孩子做得一样，合适极了！衣服虽轻，可这一针一线承载着多么深的情意啊！

说起这个班集体，我的感受是特殊而温馨。说它特殊指的是孩子年龄不一、个头不一、病情不一、来自的地区不一……但他们具有一个共同的特征，即是这个社会的弱势群体，需要呵护与关爱。说它温馨是因为由于他们的特殊，走到了一起，大家彼此关爱着，通过班级这个载体，成了一个"大家"。

记得从一年级开始，班级每个孩子就有个"沟通本"，记录着孩子在校与在家的情况；班级还有一个"成长手记"——每个家长轮流记录各自的体会、孩子的变化、经验与感受，互相传阅。我每每阅读这个"成长手记"时，都是一顿精神"大餐"的享受，并为此而感动着、思考着、激励着……

通过这些文字的记述，我们互相了解到孩子与家庭的情况，有很多共鸣，共同的命运与目标使家长们感到很亲近。接下来的许多活动，令人难忘。

一次是班里同学邀请的家庭生日会。那可是漂亮的装修不久的新家，我们这帮宝贝们就做客来了，孩子们那无拘无束、开心的样子，我们都被感染了，多么特殊的"一大家子"，每天这么开心该有多好！

还有一次，是参加年级组织的主题"单元活动"，我的孩子展示的是收拾书包，我亲眼看到孩子在那么多同学和家长面前动作麻利地独立操作，真为他的进步而高兴，只可惜他还不太懂"名次"的重要，做完了，不知举手告知，我在下面直着急，看到在许老师的提示下他举起了手，才松了口气。

这样的沟通与互动，还有很多，如"翻斗乐"、采摘花生苹果，老师拍下的照片，我珍藏着。

难能可贵的是学校老师的爱心架起的这座桥梁，加强了每一个家庭之间的交流，进而使我们拓宽了视野，舒缓了压力，增强了信心，这是很重要的。我感觉这座桥是"立交"的，联通了家庭——家庭、孩子——孩子、家庭——社会，受益的是我们，获得的是对孩子的无限关爱，我期望这样的活动与沟通越来越多，通过这些大爱，自身更加坚强起来，为了孩子，为了明天！

—— 孤独症儿童家长

我的海淀培智我的家——家委会的多彩生活

1987年海淀培智成立，同年海淀培智也成立了家委会。这也成了海淀培智一直传承的传统。每年学校都会请各班班主任推选有精力并愿意为学校建设出谋划策的家长加入家委会，随着学生数量的增加，家委会成员也在不断扩大，到现在我们已经拥有四十余位家委会成员。虽然他们来自不同的家庭，拥有不同的背景，但是都有一颗愿意为残疾孩子奉献的心。他们是家长中最热情、积极的部分，他们推动着学校很多工作的进行。

相对于普通孩子来说，残疾孩子的交际圈及社会接触面要小得多，孩子自身虽然有交友的需要，但是他们并不知道如何去表达，家长们常常也会忽视了孩子这方面的需求，而仅仅考虑孩子的安全，尽可能少带孩子接触比较复杂的环境。有些家长也常常带孩子出游，可是家庭的出游难以满足孩子同伴交往的需求。考虑到这一点，学校和家委会一起探讨一种可能，就如普通学校一般，每年组织学生开展夏令营活动。这个想法得到了家长及孩子们的热烈响应，可对于老师们来说这是一次巨大的挑战，如何给孩子们一个既快乐又安全的旅行？家委会和老师们共同策划共同摸索着。

组织学生夏令营活动

从 2010 年开始，家委会开始组织海淀培智的孩子们进行夏令营活动，在此之前孩子们都没有参加夏令营的经历，这次让孩子们体验到了独立的外出活动经历，给他们留下了非常美好的回忆。

7 月，家委会组织了第一次夏令营——内蒙古大草原之旅。参加学生 25 人，陪同老师家长 30 人，在经过周密的计划后，7 月 15 日孩子们从北京出发开始了内蒙古之旅。

学生们几乎都没有过骑马的经历，这次内蒙古之旅圆了很多男生想骑马的梦想！夏令营的 5 天之旅让孩子们难忘，家长们都觉得孩子们突然长大了，很多事都能自己做了，更快乐、更开朗了。

2011 年暑假来临前，参加过夏令营的学生们按捺不住激动的心情，急切地问班主任老师："今年我们去哪里呀？"老师们把孩子们的想法与家委会沟通后，策划了第二届夏令营活动，2011 年 7 月 17 日，大家奔赴青岛、威海。

在威海海边，兴奋的同学们踢起了球，虽然不是标准的

足球，但孩子们依然乐在其中。

2012年暑期，曦曦一次次出现在校长办公室门口："校长，今年我们还去海边可以吗？什么时候去啊？"第三届夏令营就在孩子们的期盼中如期而至，这一次，大家去了辽宁的兴城。

【启示】
　　每一次的外出，家委会和学校都承担了很多的压力，但是看到孩子们一张张充满笑容的面庞，听到孩子们欢快的笑声，这一幅幅幸福的画面给了老师们极大的肯定，孩子的快乐幸福比什么都重要，夏令营活动将一如既往延续下去。

组织家长培训工作

家委会的职能不仅仅在于组织各种学生活动，也在于提高家长对学生教育工作的认识，以便在家庭中更好地服务学生，因此，家委会还组织了各种家长培训工作，让家长能更好地处理学生的各种教育问题。

2010年4月，家委会组织学校领导、精防院大夫和学生家长的医教结合分享会，鼓励家长了解学生用药问题，为精神残疾学生的用药做出了很大贡献，让家长们了解了用药的好处，解读了部分家长以前在用药问题上的误区。

2010年5月，家委会组织专家讲座，为家长减压，疏导家长的精神压力，受到了家长们的一致认可和好评。

家委会定期举办家长学校，让老师们给家长们讲解相关的特教理论，让家长做学生的老师和学校教学的补充教育者。

组织学校为家长举办康复工作会，普及家长的康复知识，让家长了解康复工作。

【启 示】

　　海淀培智的家委会不仅是孩子们的家长，也是学校不可分割的一部分，由于家委会的努力，拓展了学校教育资源的不足。家委会也是家长们的"知心姐姐"，为家长们排忧解难，有了家委会，让海淀培智的大家庭更加温馨、团结、积极。

志愿服务，拉近你我

手拉手，快乐生活一路同行——志愿活动的开展

　　周末志愿活动想法的产生源自三方面的需求：首先，学校对志愿者的需求，学校的各项工作中一直都有志愿者的加入，如送教工作、融合特奥活动以及组织的义卖展览活动等；其次，家长对志愿者的需求，家长希望孩子能够有更多的机会接触常态的生活，锻炼孩子的社会交往能力，提升孩子的社

会参与度；最后，社会对志愿服务的需求，很多群体或个人希望有机会能够参与学校活动，为残障学生做一些事情，也有家长希望能够带着自己的孩子与学校的学生互动，给孩子不一样的经历，让孩子学会分享、学会感恩、学会关心他人。

学校、家长以及社会都存有需求，只是长期以来没有很好的途径去同时满足三方的需求，因此，海淀培智希望能够搭建这样一个载体，将三方的需求有效地对接。在此基础之上，学校制定出"手拉手，快乐生活一路同行"的周末志愿活动计划。

活动前期，在全校范围内开展了《周末活动调查表》，实发问卷150份，回收问卷110份。其中90%的家长愿意带孩子参加学校组织的周末活动；更有70%的家长表示在周末家庭活动中，愿意志愿者加入作为孩子的互动活动，表明家长对志愿活动的接纳度很高。同时，家长们也纷纷给出了自己的建议，有家长提出"学生的周末活动相对单调（相对于普通学生而言），伙伴少之又少，平时也就是亲戚及要好的同学间玩玩，如果学校能出面帮助联系多参加一些社会活动，将是家长、孩子们的福音，因为家长们的圈子也小，眼界也不开阔。活动可以既有各种年龄都能参加的，又有分年龄段的，尤其在冬季不方便外出的情况下，多开展一些室内活动，如果需要费用，家长愿意承担。"有的家长表示："建议学校搭建平台，建立机制，家长自愿加入，周末活动最好能定期化，家长也可以适当参与组织工作。"

一学期中，周末融合志愿活动共开展了3次，交通银行、中国人民大学、中央民族大学志愿者近80人次参与了活动。志愿者、家长、学生一起参加各种体育游戏活动，在活动中同学们收获了很多的快乐，志愿者们也更加了解了这群孩子，活动现场充满了欢声笑语。

【启示】

志愿活动开展的宗旨，一是让培智学校的学生及家长能认识新的伙伴，促进学生融合；共同参与活动，提高学生社交能力；深化家长联系，促进家长交流，缓解压力。二是增进参与活动的志愿者对残障学生的认识，提升社会对残障学生的接纳度，促进社会融合；有效整合社会资源，充分发挥社会大课堂的教育作用。

志愿者的故事

关上一扇门，打开一扇窗

秋雨淅淅沥沥，织成一片轻柔的网，又被瑟瑟秋风吹落在操场上。我在一群小朋友的手臂上寻找着18号，心里有些许的惴惴不安——这次与智力障碍小朋友结缘的志愿者活动会给我带来怎样的经历？

终于，一双温暖的、胖胖的小手拽着我，秀气的面庞扭向别处，害羞地重复着他爸爸的话："姐姐，你叫什么名字？"这位跟同龄人一样，洋溢着天真、可爱的孩子在开始融合活动后表现出不同：教室里的小朋友或热火朝天地游戏，或百无聊赖地等待，而他却不安地躁动着。我束手无策地跟随，不知道他想去哪里，想做什么。这是一位自闭症患儿，在海淀培智学校还有很多类似的孩子。自闭症是一种发育障碍性疾病。一般表现为社会交流障碍，70%左右的自闭症儿童智力落后。但这些儿童可能在某些方面具有较强能力，多数患儿记忆力较好，尤其是在机械记忆方面。

当得知他是个"神笔马良"之后，我小心翼翼地请求他给我画个画像，

他立刻安静下来，毫不犹豫地拿起粉笔画了起来。我看着他全神贯注的眼神，行云流水地下笔，忽然释然了。"子非鱼，安知鱼之乐？"他满足地生活在自己的世界里，执迷于自己爱好的，专注于自己感兴趣的。生动的画笔下流露出的，是丰富的内心世界。上天给他们关上了一扇门，而我们需要做的不是同情和怜悯，而是为他们打开一扇窗。我们应该放下包袱，给自己一个机会去了解他们，也给他们提供开心生活的机会。

志愿者活动是否成熟是一个国家精神文明建设是否完善的重要标志之一，也是社会群体承担社会责任的重要载体。在匆忙、纷扰的人潮中，我们应该停下脚步，等一等在物质飞速发展下惊慌失措的灵魂：去关心社会福利事业，关注特殊群体；实现社会价值，丰富生活体验。

细雨模糊了我的视线，滋润着我的内心。入行之初，交行人向我生动地诠释着"责任立业"的丰富内涵：用心地工作，真心地生活！在回程的路上，秋风将秋雨织成的网渐渐撤去，偶尔有几颗珍珠般的雨滴零落在行人匆匆的脚步上。望着天边阳光拨开云雾，我想，明天会是艳阳天！

——富喆（交通银行北京中关村园区支行，周末活动志愿者）

别具一格的普法活动

在新学年伊始美丽的春天里，我们法院青协的志愿者们又来到了海淀区培智中心学校开展别具一格的普法活动。面对这群特殊的孩子，我们通过表演情景短剧的方式向他们普及有关的法律知识，希望他们可以从中学到一些有用的知识来保护自己。

再次走进这里，看到那些孩子天真可爱的面孔，听着他们使劲鼓出的欢迎掌声，这一刻，我深深地感到我收获的是如此之多，此次活动是如此有意义。而所有之前排练的辛苦在此时都化作荡漾在我们和孩子们脸上的最灿烂的笑容。

在很多人眼里，他们是极为特殊的人群，智力上的缺陷也常常让他们受到欺骗、歧视等各种不公正的对待。但即使如此，他们甚至还拥有很多正常人都不具备的健全人格——健康的心态。他们的世界的确很简单，但他们知道要学雷锋做好事；知道听妈妈的话，按时回家；知道谢谢我们这些表演的哥哥姐姐们，用力地鼓着掌。他们的可爱让我们感动，他们的淳朴让我们汗颜。从某种程度上，是他们给我们上了一堂生动的人格教育课。在这儿，我想说：谢谢可爱的你们，让我感受到不一样的温暖，让这个春天显得如此与众不同。

——邓伊（人民大学法学院，2010年3月普法活动志愿者）

笑对生活，笑对人生

今天有幸到北京市海淀区培智学校做志愿者，感触颇多。从一开始看见这些小孩，看见他们虽然经历不幸却还向我们灿烂地笑，真心地表达自己的谢意，心里真的有一股热流流过。今天同来的还有中关村三小的孩子们，他们也很有爱心，很让人感动，他们对同龄人的不幸遭遇表示出自己的同情，通过交朋友、做游戏等形式表达自己的关爱之情，他们的天真烂漫让人感动。我之前从来不知道一个小孩子的一句话会让我内心涌起波澜，可是当我亲身体验过后，那种感动和莫名的惊喜会让你禁不住泪花涌动。我觉得这些遭遇不幸的小孩子都可以这么快乐地生活，懂得感恩，知道回报，作为正常人还有什么理由不笑对人生呢？我们是否应该感谢命运给我们的挑战，心怀感激地悦纳它，快乐地度过每一天呢？我们是否应该感谢父母的无私的爱，感谢老师的培养，感谢同学的包容呢？我想答案是肯定的。我觉得我们每个人都应该心怀感恩，践行感恩；笑对生活，笑对人生。生活如此美妙，我们没有时间叹息，没有时间遗憾。我们应该用自己的爱把世界变得更加美好。

——王玉璇（2011 年 10 月融合活动大学生志愿者）

期待下一次

今天，我作为志愿者第一次走进了海淀区培智中心学校，内心是带着一份忐忑，还有一份期待。因为培智学校的孩子比较特殊，我又是第一次做这种志愿服务，怕会有很多做不到位的地方。另外又期待着，我今天的志愿服务能真真切切地带给孩子们快乐。

在培智学校老师的组织下，我们负责协助培智学校的孩子们和他们的伙伴中关村三小的小朋友一起做游戏。虽然已经步入冬天，天气有一些冷，但当看到孩子们脸上露出的纯真的笑容时，会觉得心里暖暖的。

和那些可爱的孩子在一起，看着那些天真的眼神，泪就不禁流下来。以前我以为上帝是不平等的，为什么要让他们承受残缺的痛苦，现在我明白其实上帝是平等的，因为那些孩子会获得更多的爱和关怀！不要辜负上帝的美意，让我们一起接受这份礼物！

志愿服务很快就结束了，期待下一次的志愿服务工作。希望能有更多的人加入志愿者的大家庭，为培智学校的孩子们带去欢乐！

——宋悦（2011年11月融合活动大学生志愿者）

【启示】

每一次的志愿活动，对于志愿者来说都是一次心灵的洗礼，让他们更加懂得关爱，学会感恩，懂得知足，更积极地面对自己的生活。

【相关链接】

关爱智障教育，政府在行动

2008年6月1日上午，时任中共中央政治局委员、国务委员刘延东与海淀培智中心学校的同学们共度"六一"儿童节，并为孩子们带来了节日礼物。时任教育部部长周济，时任全国妇儿工委副主任、全国妇联副主席黄晴宜，时任北京市市长郭金龙，时任海淀区区长林抚生，海淀区委常委、宣传部长、副区长等领导出席了活动。看着这里智障的孩子们在特教教师的悉心关爱下，一字一句地学会交流，一点一滴地学会行动，刘延东露出了感动的笑容。各位领导参观了学校并且观看了孩子们表演的手语歌曲《感恩的心》，刘延东深情地说，中国有1000多万残疾儿童，帮助他们增强生活的信心、勇气和能力，需要老师们付出更多的辛劳和汗水，需要全社会更多的理解和关爱。要推动特殊教育事业的发展，让残疾儿童学习生活在充满爱的大家庭，拥有美好的人生。

2012年9月5日上午，在第28个教师节来临之际，时任全国政协副主席孙家正携全国政协教科文卫体委员会的政协委员们来到了海淀培智，为这里的老师和学生送来了慰问和祝福。孙家正一行听取了于文校长关于学校基本情况的介绍，并观看了学生和老师的精彩演出，最后参观了孩子们丰富多彩的课堂活动，政协委员们对海淀培智教师的爱岗敬业和无私奉献给予了高度评价。有了国家对发展特殊教育的重视，社会各界对特殊教育的支持，特殊教育和特殊孩子的明天会更美好！

【相关链接】

从"关心"到"支持"的转变

党的"十八大"报告中明确指出："大力促进教育公平，合理配置教育资源，重点向农村、边远、贫困、民族地区倾斜，支持特殊教育，提高家庭经济困难学生资助水平，积极推动农民工子女平等接受教育，让每个孩子都能成为有用之才。"其中，对特殊教育的表述由"十七大"报告中的"关心特殊教育"转变为"支持特殊教育"。显然，这一提法分量更重，路径更为清晰，意味着特殊教育将会得到党和政府更多的帮助与扶持。对残疾人教育的重视程度是社会和谐发展的重要指标，党的"十八大"将"支持特殊教育"写进了报告中，也就预示了我们的社会必将更加和谐与包容。特教的明天会更好。

第五章

从"特殊"走向"融合"

培智学生作品

校长心语

　　融合，是国际教育大趋势。融合一方面是指让特殊学生进入普通班级中接受教育，我们希望这些有特殊需求的孩子能融入正常的生活中，能最大限度地在最少受限制的环境中得到发展；另一方面，融合也指让普通学生多多走进特殊学校，让他们明白父母已经给了他们最宝贵的东西，那就是健康的身体，让他们更具对残疾儿童的理解，更多一些对残疾儿童的关爱。

　　我们现在的提法是"特殊教育"和"普通教育"，但是严格来说，不管特教还是普教，面对的都是一个个截然不同的教育对象，两者并没有本质上的区别，更不应该有任何不可逾越的鸿沟。

　　其实，特殊教育并不特殊，之所以被冠以"特殊"二字，是因为这个社会还没有足够的支持度来接纳这些孩子。从这个角度上，最理想的融合状态应该是：社会能足够包容，去适应这些特殊的孩子，让他们能真正拥有无障碍的环境。这样，这个世界上就不会再有任何的障碍可言了。

/一/ 推动融合教育，架起普特沟通的桥梁

当前，融合教育已成为国际教育大趋势。所谓融合就是让特殊儿童与普通儿童一起接受教育，改变将特殊儿童安置在隔离环境中的教育形式。融合教育真正遵循了公平与适当的教育原则，让特殊儿童能享受到更加适合的教育。目前，在海淀区有600多名轻度残疾学生在全区123所中小学接受融合教育，已建成中小学资源教室38所，形成了以融合教育为主体、特殊教育为骨干、其他教育形式为补充的特殊教育办学格局。实践证明，特殊儿童与普通儿童生活在一起，更有利于发展他们的语言、社会交往能力，更好地促进他们社会化进程。融合教育，共享和谐。

给你适合的"融合"

了解学生的"特别"，理解学生的"特需"

在融合教育儿童中，最容易被大家接受的应该是智力障碍学生。他们听话而且情绪稳定，感知觉较正常儿童明显迟钝，难以理解概念的确切含义和抽象概念，迁移能力差，做事情一根筋。最不被大家接受的应该是自闭症儿童，尤其是伴有情绪问题的自闭症学生。这些自闭症儿童在融合教育班级中，给老师和同学带来了一系列的问题，听指令、情绪控制、语言理解、生活自理、参与活动、适应环境等。

小强就是这样一个伴随着情绪行为障碍的高功能自闭症儿童，就读于海淀区某著名小学。刚入学时，小强可以安静地上课，一个月后，慢慢熟悉了环境的小强开始用自己特殊的方式表达情绪。上课没5分钟，就从座位上站起来满教室溜达，拍拍这个同学的肩膀，摸摸那个同学的头，有时还会大笑、拍巴掌。第一次面对自闭症儿童的班主任老师，对小强的行为是困惑而无奈，

只能安慰其他孩子："这是小强表示友好的方式，大家要理解他、爱护他。"看到班里有这样的一个行为怪异的同学，孩子们回家纷纷告知家长，家长们立刻意识到班级课堂教学可能受到极大的影响，他们开始站出来准备"赶走"这个行为怪异的孩子。全班家长联名上书教委，诉说班级的现状，此情况引起了教委和学校领导的高度重视。

面对"特别孩子"，学校立刻想到了具有丰富经验的海淀培智的老师们。第一次见到小强，是在一节语文课上，刚上课不久，小强突然间情绪大爆发，狠狠地打了两下自己的头后，又是踢又是踹地将桌子踹倒，不仅惊吓到了其他同学，也让老师措手不及，面对这一状况，前来指导的王老师立刻走上前安抚，将他带出教室。

当大家还对小强的不良情绪感到莫名其妙和不知所措时，王老师清楚地知道，小强上学前在家里或者路上一定发生了什么？

见到小强的那天晚上，教委领导、学校领导、全班家长、海淀培智的几位老师召开了一个特殊的会议。家长们的观点明确，指出小强在课堂上、班级里种种"怪异"的行为和不良的情绪表现，极力要求小强转学或者到其他的班级上课，强烈的排斥情绪充斥着这个会议室，烦闷而不安。面对这样的局面，不懂"特别需要的"教委领导和学校领导只好将求救的目光转向了海淀培智学校的几位老师。

老师们不仅详细地介绍了自闭症儿童的特点，还教大家以一种专业的眼光看待自闭症的各种行为表现。为什么反应慢？可能他感知觉发展迟缓，也可能他学习的优势在于视觉，对听到的东西需要一定时间的接收、理解和反应。

为什么听而不闻？可能他听到了你的声音，但是他不知道怎么去应答或者反应，这种技能需要学习才会。

为什么会突然大喊大叫？可能是他突然间听到了某种不喜欢的声音；可能是他突然想到了某个情境；可能是肚子饿了；可能是想去厕所；可能是想要表达什么，可能是换了陌生的环境他不喜欢……"大喊大叫"就是他的表达方式。

为什么情绪会躁动不安？可能父母吵架影响了他的情绪，也可能身体不舒服不知道怎么表达。

为什么一碰阅读就会不知所措？可能他的书面语言理解有障碍，一行行的字迹在他的眼里是模糊一片的，他根本分不清每个字，换一种呈现方式，如讲给他听，这样的方式才是他最擅长的。

一系列的"为什么"困扰着家长和老师，原来每一个行为表现的背后有那么多的"可能性"，这一系列的解释和回答，让在座的每一位家长、每一位老师、每一位领导都恍然大悟，自闭症儿童是如此的"不同"，教导和理解自闭症儿童需要专业的知识和技术。赞许的目光投向了特教老师们。

【启 示】

面对有特殊需要的孩子"不同"与"特别"，不仅要了解他们的动作、表情、情绪、思维等自身情况，还要了解他们的家庭教育背景、父母的教养态度等。要想全角度地了解他们的差异，就得迫使我们每一个人改变自己的思维方式：由"他应该怎样"转变为"他为什么会这样"，真正做到究其原因，尊重差异。每一个"可能"的出现，正是特教老师们根据自己多年的经验积累，专业地分析出原因。

掌握科学方法，促进学生发展

面对小强的"不一样"，其他家长提出，特殊教育学校更适合小强。而小强的父母却坚持：孩子的认知能力很强，他有权利选择学校，况且他也有能力在这里学习。本来有些缓和的气氛，又一次激起了波澜。

特教老师解释道："自闭症儿童在语言、社会能力存在一定的障碍，与同伴生活在一起，向同伴学习，有利于其发展语言和社会交往能力，有利于其发展自立于社会的能力。"

这个时候，家长们又提出"他的能力是提高了，可是他一个人却影响了全班孩子的成长啊"，问题如此尖锐。领导们的目光又转向了特教老师们。对于自闭症儿童，我们首先要尊重他的选择，然后学校可以根据孩子的情况为其进行不同时间段的安置，比如说，数学、语文、英语这三科知识性、技能性比较强的课程，可以安排一位老师对小强进行一对一的辅导，其他课程如音乐课、体育课等活动性强的课程让小强回到集体中与同学们一起学习。

面对这样一个教育安置，学校领导立刻回复家长，学校愿意为小强开辟专门"教室"，派一位老师专门负责小强的教学。只要适合孩子，学校愿意付出一切的努力。

在家长、老师、学校领导们的共同努力下，小强的教育问题终于得到了初步解决，但要想促使小强更好地适应学校生活，还需要班主任老师首先给他一份特别的爱，用爱、尊重与包容去教育他们；其次，要将自闭症儿童作为培养其他学生学会接纳与包容的教育资源，让孩子们理解生命的不同，以积极的交往方式去帮助小强，最好再给小强寻找一位热心、负责的"学习伙

伴"，这是帮助他更好适应学校生活、学习交往的好机会；最后，还需要为小强安排一些训练。

有效的教育训练方法有以下几种。

结构化教学：环境设计、空间位置都要考虑小强的特殊需求；作息时间安排也要结构化。作息时间是一个班级的结构，单独为小强制定属于他的课程表，包括大量阅读、大运动量训练等，而周一下午的班会时间，则要对小强进行专门的说话训练。这份课表还充满"弹性"，会根据孩子的实际情绪随时变动，像以踢毽子、跳绳、做游戏为主要内容的大运动量训练，可能会在早上第一节课进行。这是由于小强早晨来上学时通常会很兴奋，完成这些运动后，上课就安静得多了。

感觉统合及运动训练：可以提高小强的感觉统合能力。

听指令训练：用视觉提示，发挥伙伴的协助作用，教师用清晰、语速慢的语言，指令简单明确，有等待时间。

注意力训练：要求小强眼神对视、看眼睛说话，给予一定的语言提醒。

学校特意把专门"教室"设计得小一些，便于小强集中注意力。小强对电脑特别感兴趣，学校就专门给他配了一台。

等待能力：在活动点名、排队游戏、滑滑梯、做操排队等活动中，老师注意培养小强的等待能力。

情绪问题：一旦环境变化时，如课程调换，事先一定要告知小强，这是避免情绪出现问题的重要措施。因为自闭症儿童经常会因为改变而没有安全感，变得焦躁不安。

集体活动：学校尽量安排他与同学一起上课。对于小强特别喜欢的面塑、绘画等一二年级的课程，还会安排他与低年级的学生同班学习。

【启示】

特殊儿童融合过程中会遇到各种问题，只有针对他们的实际情况，掌握并实施科学的教育方法，才能帮助他们更好地融合到正常环境中，实现真正的随班就读，而不是随班就座或随班就混。

特教老师巡回指导，及时解决学生问题

特教老师每周定期对小强的教育进行巡回指导，通过对其语言、动作、认知、注意力等进行综合的评估，为其制订个别化的教育计划提供了依据和内容。评估后召开了由班主任老师、资源教师、融合教育老师、家长共同参与的个案研讨会，在会上对小强的评估结果、亟待解决的问题、可采取的措施、家长的配合等逐一进行研究讨论。会议结束后，由资源老师和特教老师整理成一份个别化教育计划。

小强的个别教育计划的实施采用了典型的个别教学和集体教学相结合的方式。对小强的语言训练、注意力、感觉统合训练等建议采用个别训练方式，而音乐、美术、体育等采用集体教学中的个别辅导方式，资源教师按照分科实施教学的方式将小强的个别化教育目标分配给每一位任课教师，以做到合理安排课程。

按照"一个人的课表"上了两年课，小强无论在学习还是与人的交流上都有了明显进步。早晨看到熟悉的老师，他不再直勾勾地愣神儿，而是主动说"老师好"；他的数学接受能力也有所增强，用竖式计算的数学题很少出错

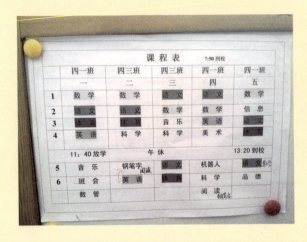

了；因为常听英语，他的词汇量也大大增加，偶尔还能哼几句英文歌。社会适应性能力发展很好，能自己下楼玩，寻求帮助，去超市买东西，等待排队。

每一个学生的成功教育都来自家长的配合、学校提供适合的教育方案和教师对学生的关爱。

【启示】

由于接受融合教育的学生人数多、残疾类型多，通过书面材料来了解他们是远远不够的，只有亲自接触学生，与他们的老师交流，才能得到最真实的资料，才能更好地为孩子提供合适的教育环境。海淀培智巡回指导教师定期对在普校融合的学生及其班级进行走访，通过随堂听课、查阅资料、巡视资源教室、个别访谈、提出建议等方式进行指导，让他们真正在最少受限制的环境中获得成长与进步。

白水洼小学资源教室的成长历程

近年来，融合教育这种教育安置形式已经成为残疾学生接受义务教育的主要形式。为保障残疾学生受到适合自身发展需求的教育，一些普通中小学结合各校融合教育工作的实际建立了资源教室。

资源教室是指设立在普通中小学，为在本校有特殊教育需求的学生提供特殊教育咨询、辅导和转介服务的教学部门。这是一种支持式资源教室，是以支持本学校开展融合教育工作为主的资源教室，也可以是跨学校使用的功能更强的资源教室或特殊教育资源中心。

辅助中小学建立资源教室，是特教管理中心的职责之一。

白水洼小学是海淀区一所农村山后学校，学校设有 10 个教学班，在校学生 362 名。现有融合教育学生 4 人，均为智力残疾。白水洼小学所在学区为上庄学区，本学区共有 4 所小学，1651 名学生，其中具有融合教育证明的学生 10 名，均为智力残疾。此外，各所学校还有一些特殊教育需求的学生。因此，在山后建立一间资源教室是势在必行的。白水洼小学以弘扬民族传统文化为己任，充分利用丰富的校园文化氛围，让每个孩子包括融合教育学生，在白水洼小学这个大家庭中掌握各种技能，共同培养审美情趣，锻炼意志品质，张扬个性魅力，让传统文化之花开满校园。融合教育促进了两项工作的交汇融合，传统文化教育打破了传统的普教与特教分离局面，形成和谐的普特融合艺术教育。在具体实施中，把融合教育、传统文化特色纳入普通教育系统统一规划，统一部署，统一管理。这间资源教室建在白水洼小学，不仅为白水洼小学的 4 名智障学生和有特殊教育需求的学生提供融合教育服务，还成为上庄学区的特殊教育资源，为学区内的融合教育学生及特殊教育需求的学生提供适合自身发展需求的教育。

在资源教室建立前，特教管理中心的王主任曾多次驱车几十公里来到白水洼小学，与李立新校长进行沟通。在沟通中得知，图书室和阅览室都设在一楼，资源教师需要经常与家长及其他学校的随读教师进行交流，所以建议把资源教室的位置设在一楼。虽然融合教育的学生都是智障学生，但是各校里还有一些有感统失调、多动症、情绪问题、心理问题的学生，所以在设备的选择上，建议学校不仅要购买投影、电脑、打印机、沙发、柜子等硬件设备，还要购置一些感统训练器材、精细动作训练器材、沙盘治疗器材、各种评估软件，以及供教师和家长阅读的各种专业书籍。

资源教室建好了，相应的设备也已经到位了，可是具体怎么运作的实际问题摆在了刚刚大学毕业的石雪娇老师的面前。石老师在大学学习的是英语专业，对特殊教育一点儿都不了解。为了使资源教室能够尽快地运作起来，更好地为学生服务，特教管理中心派张俊贤老师深入白水洼小学，做为期一周的指导工作。

石老师虽然对特殊教育不了解，但是却有着对教育事业的热爱与追求，虚心向张老师请教，了解特殊学生的特点以及相关的教育策略。利用业余时间阅读了一些特教相关的书籍，对特殊学生有了初步的认识，知道了自闭症学生没有主动语言，交流时没有目光的接触，说话时固定语调，喜欢一个人独处，不愿意与人交流。知道了感统失调的学生上课时会坐不住，小动作多，注意力不集中，导致学习成绩差等。于是根据学校和学区融合教育学生及有特殊教育需求学生的类型特点，把资源教室划分为感统训练、学生阅读、蒙氏教学、家长接待、教师办公、沙盘游戏等不同区域。在了解了资源教室功能的基础上，与张老师一起制定了《资源教室的工作流程》《资源教室规章制度》《资源教室管理制度》以及《资源教师主要职责》。

为了更好地开展资源教室工作，石老师利用自己的空闲时间，深入随读生的课堂，观察学生的行为表现，向各任课教师了解学生的学习、行为、情绪等方面的情况。利用下班后的时间，把随读生的家长请进学校，向家长了解孩子在家的表现，而且还亲自到学生家中去走访，掌握第一手材料。小A是一名智障学生，她的父母都是进京务工人员，父母的文化程度都很低，每天忙于挣房租、生活费和老家爷爷奶奶的赡养费，根本没有时间关注孩子。孩子每天都是脏兮兮的来到学校，经常不完成作业，作业本上满是油污；小B生活上能够自理，也愿意与人交流，但就是不愿意学习，学习成绩很差，根本无法跟上班级的学习进度；小C多动，屁股上像是长了钉子，在座位上晃来晃去根本坐不住，不仅自己不听讲，还经常用手捅座位周围的同学，搅得同学都无法听课，同学关系很差；小D上课注意力不集中，手上经常玩东西，课间的时候喜欢在楼道里跑来跑去，而且经常摔跤，总是旧伤未好又添新伤……

为了更深入、全面地了解学生，石老师在张老师的指导下设计了认知、精细动作、感统、大运动等方面的测查表，除了对每一位随读生进行了各项的测试，还针对有特殊教育需求的学生进行了相关项目的测试。石老师对测试的结果进行了仔细的分析，并且查找了一些相关的特教资料，与各任课教师一起研究分析学生目前的情况，结合学生的特点为每位随读学生制订了个别教育计划，并且在语文、数学、英语等学科上制订了适合学生个体差异发展的学期计划和月计划。在教学目标、教学内容、教学方法措施等方面贯彻因材施教的原则，根据"最近发展区"理论，制订和实施了"降低目标、简单提问、容易练习、个别辅导"的个别教学计划。这种形式和方法，激发了学生的学习兴趣，挖掘了学生的潜能，使这些学生在各自的基础上得到不同程度的提高。石老师还整合融合教育学生和有特殊教育需求学生的个别教育计划，针对每位学生的特点设置不同的课程。为智障和学习障碍的学生设置了认知补救教学；为多动的学生设置了感统和大运动训练课程；为注意力缺陷的学生设置了感统和注意力训练课程；为情绪和心理问题的学生设置了箱庭治疗的课程……小 A 和小 B 是智障和学习困难的学生，让他们与其他学生一起学习比较深奥难懂的知识确实很难，于是，石老师为他们安排了每周三节补救性教学，教给学生实用的知识和技能。

数学课上，石老师教他们认识钱币和价钱，让学生学会用钱币购买生活中的物品，计算购买几样商品的价钱；语文课上，石老师教学生认识生活中常见的字词，如超市中各种商品的名称、家和学校附近车站的站牌、同学的名字、各个教室的牌子等；英语课上更是充分发挥了石老师英语的专长，用动画、手偶等形式教学生说一些常见物品的名称，以及一些简单的对话。学生爱学习了，课堂上主动参与学习活动，学习积极性非常高，学习成绩也有所提高。石老师还为多动注意力不集中的小 C 和小 D 安排了感统训练课，学生看到色彩鲜艳的感统器材就像见到了心爱的玩具，高兴地摸摸这个动动那个，两个人跃跃欲试。他们在石老师的安排下进行冲滑板、跳跳袋、骑脚踏车、走平衡木、踩高跷、坐陀螺等训练，他们高兴极了，在快乐的活动中身体得到了训练。老师还对这两位学生进行了穿珠、拼插、八字轨道、剪纸、绘画等精细动作和注意力方面的训练，学生在活动中手部动作稳定了，注意力集中了，课堂上也安静了很多。中高年级有几个有心理问题的学生，他们有的整日默默不语，不愿意和同学来往；有的学生情绪波动严重，同学关系紧张；有的专门搞破坏，无论老师怎样批评教育，就是没有效果。石老师利用中午

午休的时间，把这些学生分别请到资源教室，为他们做箱庭游戏治疗，这些问题学生在沙箱里尽情地摆放着各式的玩具，情绪得到了宣泄，与同学的人际关系也逐渐得到了改善。

白水洼小学每年都开展各项体育比赛，这些随读生能和其他学生一样参与比赛，那些学困生在体育赛场上也不困难了，还能大显身手，得到了老师和同学们的掌声。外出参加社会实践活动，他们和正常学生一样参与到活动之中，也感到非常快乐，自信心得到了极大满足。小 A 和小 B 在学区组织的跳绳比赛中，与全班同学一起进行八字跳绳的比赛，非常努力，所在的班级分别取得年级团体总分第一和第三的好成绩，每人都得到了学区和学校颁发的奖品。这其中也有他们的功劳，使他们感到非常的自豪。

学校成立了融合教育教研组，组里的成员是来自不同年级的任课教师和班主任，石老师是教研组的主要成员。石老师参加了区教委和特教管理中心共同举办的资源教师专项培训活动，学习心理测量、感统训练、箱庭治疗等特教专业理论。在学校的教研活动中，石老师与其他教师一起学习特殊儿童心理、行为特征，研讨教育特殊儿童的方法，制定学困生辅导计划、交流教育案例，讨论如何与家长沟通等内容。教研组成立之初，大家对资源教室和学生的行为动机了解非常少，通过大家共同的学习，在教育教学中教师能尝试用科学的眼光看待学生的问题并采取有效的方法进行教育，如今老师们关注更多的是特教的新理念、新动向、新思路、新方法，并对此进行深入的学习。交流更多的是对教学的点滴体会，对专题的研讨实施……久而久之，教研组内充满了"学习、研讨、交流"的氛围。教师们分工协作、互相支持，保证融合教育工作管理和教研上层层抓、层层落实。根据工作需要不定期召开教研组会议，常抓不懈，不断把融合教育工作向前推进。

　　为总结、提升资源教室的经验与特色，充分发挥资源教室的作用，发现问题、改进工作，使资源教室建设工作正规化、科学化，白水洼小学接受了海淀区的资源教室的考核与评估。专家考察后，给予了高度的评价。一致认为校长的理念先进，重视资源教室工作，在区里投资的基础上追加投资，保证资源教室工作的运作。资源教室工作汇报专业性强，教育理念、策略上体现了特教的大教育观。学校安排的课程适当，低年级感统、高年级补救教学已体现了特教理念，资源教师很专业，通过参加各种培训及自身的不断学习，迅速地成长起来。白水洼的资源教室被评为优秀资源教室，并进一步接受北京市的督导验收。

【相关链接】

海淀区融合教育的发展

1988 年，我国正式提出特殊儿童融合教育的教育模式，融合教育是西方融合教育理念与我国特殊教育实际的结合。1994 年，全纳教育这一新的教育理念和教育过程在西班牙召开的《世界特殊需要教育大会》上提出。它是一种容纳所有学生，反对歧视排斥，促进积极参与，满足不同需求的教育。融合教育是全纳教育的重要组成部分，是一种让有特殊需要的儿童和普通儿童在一起学习活动的教育方式。

"融合教育"工作是我国推进融合教育发展的重要模型，经过二十多年的发展，在研究对象、研究内容、方式与方法等方面进行了深入而广泛的研究，积累了丰硕的成果。2006 年，我国颁布实施新的《义务教育法》，要求"普通学校应当接收具有接受普通教育能力的残疾适龄儿童、少年融合教育，并为其学习、康复提供帮助"。还要求"教师在教育教学中应当平等对待学生，关注学生的个体差异，因材施教，促进学生的充分发展。"当前，融合教育成为社会教育发展的一种必然趋势。

海淀区是首都的教育大区，教育规模大、区域广、类型多、差异大。让所有孩子都享受优质教育，一直是海淀教育努力的方向。2004 年，北京市海淀区提出开展"融合教育"，要求普通学校容纳所有学生，在最少限制的环境中接受教育，有效地满足每个特殊学生的教育训练及康复需要。这促使越来越多的智力障碍、感统失调、多动症（ADHD）、心理问题、交往障碍、自闭症等身心障碍儿童选择在普通学校就读，这些有特殊教育需要学生的问题不仅影响自身发展、同学间的交往互动和班级活动的参与，也引起了家长、老师、教育者的极大关注。区域内有 194 所中小学，另有盲、聋、培智 3 所特殊教育学校。2010 年，教育部全国教育事业发展统计公报显示：截至 2010 年年底，在普通小学、初中融合教育和辐射特教班招收的残疾儿童为 3.97 万人，占特殊教育招生总数 61.26%，随着医疗技术的不断发展，盲、聋生的比例逐年下降，智力障碍和自闭症儿童成为融合教育学生的主体。公报调查数据与我区的实际情况一致。

无论是国家政策法规的要求，还是各种教育理论思潮的冲击，作为特殊教育工作者，带给我们的都是无限深思：个别化教育怎样才能在普通学校的普通班级得到有效的实施？我们的教育如何真正地做到以人为本实现和谐社会？如何办人民满意的教育？因此，有效地满足身心障碍儿童的特殊教育需要就成为普通中小学面临的重要问题和困难。

海淀区培智中心学校具有专业的师资队伍以及专业服务的经验，在感统、语言、认知、注意力、行为、心理治疗等方面有深入的实践研究，在海淀区融合教育实践中承担教师培训、家长咨询、巡回指导、特殊学生筛查、评估、教育安置等工作，以满足每个学生的特殊教育需要。有力地推动了海淀区优质教育的创建进程。

【相关链接】

努力做好孩子生命中的引路人——一位普校资源教师的心声

尽管从事教师工作已有十多年了，但是做资源教师只有两个多月，这两个多月的工作带给我太多的感触和思考。

记得上学期结束后，校长找我谈话，告诉我下个学期的工作岗位将有很大的变化。因为学校将为随班就读的学生建立一个资源教室，这工作就由我来负责。听到这个消息，我感到茫然，甚至有些不知所措：什么是资源教室？我将面临的是怎样的学生？该采取什么样的方式开展教学？同事们将如何看待我的新工作岗位？这一系列的问题困扰着我，我就是这样怀着忐忑不安的心情走上了新的岗位，成为了一名"资源"教师。

一开学，我便看到了我的学生：一个有多动症，一个有听力障碍，两个是智障学生，先天的残疾使他们学习起来十分吃力。面对这样的学生，我的教学热情一下子沉到了谷底。接下来的教学何等的不顺利便可想而知。我也尝试着与家长沟通，尝试着对他们进行鼓励，但是效果微乎其微。教学上的挫折，家人的不理解，自己心理上的压力一股脑儿地袭上心头，我一时找不到前进的方向了。

就在我陷入迷茫与彷徨时，海淀学区在培智学校举行了"发挥优势资源共享"一帮一结对子启动仪式。仿佛漫漫长夜中看到一盏明灯，我顿感兴奋。

会上，我深切地感到特殊教育的深远意义。当今世界的发展看教育，而教育的进步则看特殊教育。同时也意识到了自己在做的也正是有意义的事啊。第一次跟培智学校的曹燕老师接触，感觉她是个心思细密且教学经验极为丰富的老师。研讨过程中，我向曹老师介绍了我校资源教室孩子的情况，曹老师一一做了记录，并语重心长地告诉我："这些孩子心灵更脆弱，老师需要蹲下来和他们沟通，及时了解他们的所需。""蹲下来沟通"这种说法我虽不是头一次听说，可具体应该怎样做，我还是感到一头雾水。幸好每周五曹老师能够亲自到我校手把手地对我进行教学指导。同时，学区提供给我们的《教育训练手册》，为我们工作的展开提供了有力保障。回校的路上，我感觉自己轻松了许多，曹燕老师的加入，更使我多了一份信心与力量，使我在迷茫中找到了方向。

从和曹老师相识的那天起，我开始不断反思自己：我了解这些孩子吗？他们平时都在做些什么，想些什么，他们快乐吗？一连串的问题促使我走近孩子，亲近他们，相互之间的交流渐渐多了起来。当我告诉孩子们每周五都将有一位外校的老师和我们一起活动时，他们脸上流露出满足的笑容。

3月26日，曹老师早早来到我校，短暂地交流后便进入课堂听课，我和曹老师沟通了想法。她告诉我："这几个孩子，他们的学习能力较低，老师在教他认字读书的同时，把课文的重要信息提炼出来，再附以插图辅助教学，效果会很好。但老师的压力会很大，需要大量的时间整理课本内容。"尽管除了资源教室的工作外，我还有五年级的14节科任课的教学任务，但是为了这些孩子，我愿意尝试。从那天起，我一有时间就开始琢磨如何通过制作简单直观的教具，让他们更快地学会知识。我甚至借鉴了儿子幼儿园里的识字卡片，并利用卡片组织他们在游戏中识字。并向同做资源教师工作的老师们学习。制订了资源教师个别辅导教案和基础知识训练手册。渐渐地，我发现孩子们脸上的笑容多了，他们甚至一下课就围着我问什么时候还上语文课。

当然他们也有反复的时候。冬冬由于受到家庭的影响，常常不定时地情绪爆炸，他一会儿对同学大打出手，一会儿对老师冲撞谩骂，想到为了他们我甚至忽略了自己的孩子，却得到这样的"回馈"，我的眼泪便不由自主地夺眶而出，我迷茫了：这样做值吗？要不要向校长提出胜任不了这项工作呢？我不禁想起了曾经去培智学校参观的情景：那里的孩子不但智力低下，有的甚至连生活也不能自理。可培智学校的老师们却每天以微笑面对这些孩子，抚摸他们的小脸，为他们提裤子，耐心地倾听他们所说的难以听懂的话语……这些孩子更容易情绪激动，对老师大打出手简直是家常便饭，一位怀孕 6 个月的老师甚至被智障的孩子推倒在地，导致流产。可他们依然无怨无悔，他们付出了比妈妈还要多的爱呀，我又怎能轻言放弃呢！

对比培智的孩子，冬冬的优点太多了，爱劳动，不怕脏不怕累。他喜欢动手，我就让他帮我做字词卡片，做课件。当课堂上运用到他制作的教具时，他就会兴奋不已。这一刻，我终于明白了：衡量孩子的尺子不仅一把，我们要用多几把尺子去发现每一个孩子的可爱一面。试着尝试不同的教育方法，给孩子心灵上的满足，便会收到意想不到的效果。

尤其是在参加了北京市资源教师的培训后，我对"资源教师"这一新生的岗位有了新的理解，明确了自己的角色定位。已不再简单地认为资源教师就是"为学生补课"了，而更多的是关注孩子的成长。我们要用发展的眼光审视这一工作，用研究的眼光了解孩子的不同需求。然后不断更新自己的理念，同时将这种理念传递给身边的每一个人乃至社会，让所有人理解并帮助这些特殊的孩子，让他们在人生中获得更多的支持与理解。我要努力做好、做实这件事，以"成为孩子生命中的引路人"为努力追求的目标。

简短的两个月来，我慢慢学习着宽容，学习着理解。在与孩子的不断磨合中，自己也在成长。我坚信：脚踩荆棘，定能迎接新的曙光。不禁回想起了尹校长创办资源教室的设想，以及"让每一个生命之花幸福绽放"的办学理念，更加坚定了我前进的决心。

有了学区的重视，有了领导的支持，有了像曹老师一样富有爱心的老师们的帮助，我感觉自己不再是孤独的了。我改变先前的教学目标，一切从孩子自身出发。渐渐地，我发现孩子们的笑容多了，他们愿意跟我分享他们的喜怒哀乐。从孩子们身上，我看到了自身的价值，也对这句话有了更深的体会："把一件简单的事做好就不简单，把一件平凡的事做好就不平凡。"我每天也都记录着点滴的收获。

也许这些同样充满好奇和天真的孩子们不会在我的帮助下追上其他的孩子，但是我能给予他们更多的爱，让他们也成为心中有爱的阳光少年，我要用赞赏、理解、宽容、等待……为他们撑起一双翅膀，让他们也能在无尽的天空中自由翱翔。

最后我想以曹老师的一句朴实的话语与大家共勉："只要尝试着做了，孩子就点滴受益了。"

（知春里小学　王海燕）

/二/ 普教特教无界限

特殊教育，既不特殊，也不神秘。是的，世界上没有完全相同的两片树叶，每一个人也都是一个特殊的个体，有自己的特点与个性。不管是普教还是特教，面对的都是一个个独特的教育对象，特教和普教之间原本就没有任何分水岭，它们都是有目的地培养人的活动。因此，普教和特教有太多共通的、可以互相借鉴补充的地方。从"特殊"走向"融合"，需要普教与特教的共同努力。

融合小伙伴，走近特殊孩子

他们有着同样灿烂的笑容

2011年10月23日，周日，下着小雨，刮着北风。在学校操场上，西颐小学的学生们穿着整齐统一的校服，正在列队。他们右肩上都贴了一个缺了一半的心形，上面写着一个数字。我们的孩子站在另一侧，每人手里也有一个心形卡片，上面同样写着一个数字。两组的数字是一一对应的。于是，这次的融合活动就从"找朋友"开始了。

很快，在西颐的孩子们的主动寻找和我们孩子的期盼中，一对对好朋友就结成了。两个孩子手牵着手，走进了早已安排好的各个教室中，开始了快乐的游戏时间。在夹乒乓球教室里，我们的孩子由于精细动作不协调，很多很难将球稳稳地夹起，融合小伙伴就轻轻地扶着好朋友的手臂，帮助增强稳定性，一起把球夹起来放在另一个筐里；在百步穿杨教室里，融合小伙伴拉着好朋友的手，站在指定的投球位置，手把手地教好朋友怎样把球扔进洞里面，用多大力气、扔向什么方向……还有的孩子情绪突然不稳定了，在教室里面到处跑，他的融合小伙伴也一直跟在他的身后，等他稍稍稳定下来了，拉着他再次投入活动中。

天逐渐放晴了，孩子们的活动地点又来到了操场上，大家手拉手围成一个圆圈，跳起了快乐的兔子舞。欢快的节奏让所有的孩子们兴奋不已，笑容一直挂在他们的脸上。那么灿烂的笑容，那么单纯的笑容，那一刻"特殊"的标签在他们身上已不复存在。他们只是孩子，可爱的孩子。

【启示】

对于融合伙伴来说，他们这一次拥有了不一样的经历，他们在这样的经历中学会分享，学会感恩，学会关心他人。他们已经拥有了最宝贵的财富，那就是健康的身体，就要学会珍惜。这样的经历对于这群生活在幸福中，生活在宠爱中，生活在光环中的孩子们是一次生动的教育。

融合小伙伴的触动

每次融合活动开展之前，学校的老师们都会制订小的调查表，了解融合伙伴先期对残疾学生的认识，以及参加融合活动之后对残疾学生的认识。下面是融合伙伴们的心声。

融合伙伴1："我之前觉得我们在交流方面可能会出现问题，但是活动之后发现比我之前想象得要好很多。我们可以比较容易的沟通，也可以玩得开，我想他们需要我们更多的关注。其实大家都很棒。交流沟通应该会更好。"

融合伙伴2："我之前认为他们会不理我，不听我的话，但是活动后我觉得我很幸运。我想以后我会更积极地参与志愿活动，不对任何人抱有歧视，不会再以自己身上所谓的优缺点骄傲或者自卑，希望他们未来是美好的。"

融合伙伴3："我觉得他们可能会因为初次接触而放不开、紧张，不愿与我们沟通，出现交流困难的问题。但是我们发现，这里的同学很好，阳光向上，与我们的互动丰富有趣。互送礼物的环节里面，能够收到同学自己制作的书签是非常高兴的。"

融合伙伴4："我觉得我们相互之间可能会不明确对方的想法，和他们接触之后，我们发现他们都很善良，很配合我们的活动，有想法也会及时说。但是他们很容易疲劳，我们开始想的游戏有点儿累，以后会注意。令我感动的是，同学的父母都陪他们来了，他们之间也互相关怀，很有家的感觉，充满了暖暖的爱。"

融合伙伴5："我一直在想，这些小朋友会接受我们吗？一个上午的时间，我发现他们真的很可爱，很天真，和很多小朋友都一样很喜欢玩儿，而且只要你耐心，用心地去和他们交流，他们是很乖的，我很希望多和他们接触。"

融合伙伴6："来之前我害怕他们不理我们，不喜欢我们，会导致一系列的沟通障碍。但是通过这次活动，我觉得我们收获很多。这个活动十分有意义，让我们来关心这些孩子，关爱他们。他们的愿望很简单，只要我们与他们一起玩、聊天就很快乐，以后我还会参加这样的活动，用自己的爱心来温暖他们。"

融合伙伴 7："他们也许不会表达，不会与人交流，但他们每人都有一颗阳光乐观的心。他们也有很好很善良的家长，虽然有一个有疾病的孩子，但总抱着对生活的希望。他们都是不幸的人，能作为一个正常学生，生活学习，我也感到了自己的幸运，所以我们要尽自己的一份力去帮助有困难的人。"

融合伙伴 8："这些孩子就像天使一样拥有灿烂的笑容，纯洁美丽的心灵。今天来之前我还有点儿害怕到时候不知道怎么和他们相处，但是一个上午过后我发现自己度过了一段充实愉快的时光。真好！真心祝福他们！希望他们以后的人生也像他们脸上的笑容一样充满阳光！"

【启　示】

看到孩子们写的这些话，心里总是暖暖的。这些生活在幸福中的普通孩子们或许从来都不曾想到，还有这样的一群同龄人，这样的生活着。在这些近距离的互动中，改变了这些孩子对特殊学生的看法，对他们接纳、尊重残疾儿童起到了很好的作用。

关注学生差异，提高课堂实效
——特教课堂教学研讨活动启示录

2012 年 11 月 16 日，海淀学区辖内 10 所小学的教学主管领导及骨干教师走进了海淀培智，参加在这里的"和美杯"课堂教学研讨活动。此次研讨活动的目的在于如何关注学生差异，提高课堂教学的实效性。老师们一起观摩了 4 堂由青年教师带来的课堂展示课。

不放弃每一个孩子

培智教师不放弃的精神感染了前来听课的老师们。在生活数学《有趣的扑克牌》一课上，八年级的文文障碍程度较重，视力极低，几乎看不到普通的学习材料，对学习和活动造成了很大的障碍，老师就为他准备大的扑克牌，让他也能一起参与学习；在唱游课《母鸡孵蛋》一课上，一名脑瘫学生肢体不协调且注意力不集中，老师不断将注意力转到他的身上，对他不停地拍手，教他怎样唱歌，让他一起融入活动中；在社会与生活课《活字印刷术》一课上，老师给凡凡安排最简单的任务让他完成，尽管他完成起来还是有难度，但是在老师一遍遍地指导下最终完成了任务，露出了满足的微笑……老师们没有放弃每个孩子。

在海淀培智的课堂上，不管是残障程度多重的孩子，都会得到老师的关注。老师教学活动的每一步都会关注每一个孩子的需求，根据他们不同的能力来为他们设置相应的活动。越是障碍程度重的孩子，老师越要仔细研究如何才能让教学活动更适合他们，使他们真正在教学中获得发展。可以说，在海淀培智的每一个人都是主角，他们都是需要我们切身守护的天使。

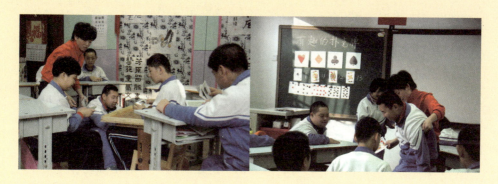

快乐教育，快乐参与，快乐成长

在很多普校老师的眼里，海淀培智的学生其实更加快乐。海培的所有教学都关注于让学生能适应社会，快乐成长，海培的教育是一种快乐教育。

"快乐教育，来源于所有活动都充分考虑趣味性，学生喜爱并乐于参与，能体会到成功，随着每一步要求的提高，学生逐渐做到了。老师给他们带来了快乐。"这是一位听课老师的真实感受。老师为这里的孩子灌注了自己全部的爱，老师们不断花心思去让这些孩子真正体验到快乐与幸福。"游戏教学，是教育的最佳境界，让学生们不感觉在教学，而是在游戏活动中、在快乐中达到教学目的。"课堂上的活动让学生能参与、体验，在玩中学到东西，技能得到培养和提高，认知水平也得到提高。

或许很多人来到海淀培智，都怀着悲悯的心情，觉得这些孩子是不幸的，但是看到这些孩子的生活状态，又会觉得他们是最幸福的。因为在海淀培智，每个人的脸上都挂着灿烂的笑容，尽管这些笑容背后有太多人付出了艰辛的

努力，但是只要学生获得了快乐、获得了成长，那么所有的努力都是值得的。

这里的老师更懂学生

由于教学对象的特殊性，海培的老师们不得不去了解正常的发育规律是怎样的，必须全面且准确地了解学生在哪些领域或者阶段是落后的，去努力研究可以通过怎样的方式来发展他们这些滞后的能力……因此，海培的老师们更加懂学生。

当看到学生写字慢时，老师们要认识到这是因为孩子的精细动作不协调、视动不协调，而不是在偷懒拖延时间，因此老师们不会去责怪学生什么；当看到学生不能安静地坐在座位上，而是乱动乱晃的时候，老师们要认识到这是因为他们肌肉控制能力差，而不是刻意不守纪律……因此，海培的老师们更加理解孩子。

"教学过程中能看出老师对班内每个孩子的情况非常清楚，了如指掌，每个练习的目的性都非常明确，设计上也考虑到学生的具体情况，练习中有针对性，对个别学生有针对性的关心和帮助，每节课体现分层教学，满足不同学生需求，分层教学有针对性，特别有必要。"课堂上老师对每个学生要达到的目标是很清楚的，因此老师们能从学生的自身能力水平出发来为他们安排教学活动，同时在学生出现各种问题（认知方面、情绪行为方面等）时，教师也能采取针对性的措施来解决这些问题。学区刘老师说："对于有些问题孩子，我们常感觉没招，不知道怎样做，很苦恼。刚刚的课堂上，有个孩子发脾气了，老师轻轻走过去，拉着他的手进行安

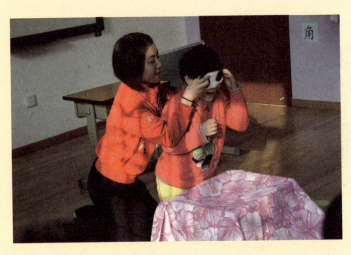

抚，让他安静下来再给他机会表达自己的需求。我感觉到，相对于有招和没招，背后是对这个现象是否真的理解，是否真想弄清楚该怎么做。"

丰富策略与辅具的支持

"在培智的课堂上，老师像魔术师一样不断地变化着教具，不断地强化同一个内容，不断根据内容根据需要改变座位……"这就是培智学校多变的课堂，丰富多彩的教具和多样的支持策略有力地辅助着教学的有效进行。

在《活字印刷术》课上，教具一展示，立刻吸引了各位来听课的老师们。为了让学生们有真实的感受，老师不仅买来了一套活字板，而且亲手用萝卜刻出了很多的小活字，组合成唐诗《早发白帝城》，让学生们去识字、去动手印字、去读古诗，在操作中来学习；《认识水果》这节课使用了大量的水果，教师以视、触、味丰富的感官引导学生深刻地了解水果，进而强化表达；《母鸡孵蛋》这节律动课，老师使用楔形垫等辅助器具来安排学生座位，让活动更加适合学生的运动水平……

当有些孩子表现出来的问题似乎不适应社会时，海培的老师们会采取各种方式、手段、策略、辅助支持系统来去适应学生。学生们思维具体，对抽象概念无法正确理解，老师们就为他们提供直观真实的教具让他们增强切身感受；学生们不能流畅的表达，老师们就为他们制作图片沟通板以便他们更好的交流沟通……活动安排、教师语言、座位安排、人员安排、媒介等，这些教学策略在海培的课堂上都能得到充分的体现。

在某种意义上说，这些学生有障碍是因为这个社会还没有提供足够的支持，如果有一天我们的社会成为真正的"无障碍"环境，他们还会是有障碍的学生吗？

尊重与信任

"特殊孩子一定有他的感受、行为上的表现，但我们是看到、听见、尊重，还是看到、听到而不想去关注呢？在这些课堂上，无论什么孩子的需求，老师都能感受到，并且尽自己全力去给予满足。这种心中惦念对方的感受，就叫尊重。而且眼神、笑容是骗不了任何人的，老师给孩子的是发自内心的爱，孩子的反馈也是骗不了任何人的，孩子对老师完全信任。师生关系的融洽绝非一日之功，长期彼此关心、帮助、交融，才是最好的课堂境界。"这是一位普校老师对我们课堂的评价。

　　是的，所有的努力其实都源自于尊重，去尊重世界上最为神圣的生命。尽管我们眼前的这些生命是残缺的，但是却更需要我们去尊重、去接纳、去包容。来到培智都会有一种净化心灵的感觉，因为这里的一切都是人类最本真的东西，每一位特教工作者的努力并不奢求任何的回报。作为一名教师，永远无法体会什么是桃李满天下，但正是本着对生命的尊重，海培人才义无反顾地从事这项职业，做好自己的每一项本职工作。每个眼神、每个动作，哪怕是短短的目光接触，都是发自内心的真爱与尊重。

附录 1

海淀培智大事记

1987—2002 年

1.1987 年 10 月 20 日，海淀区培智中心学校成立，成为海淀辖区内唯一一所接收智力障碍儿童的学校，承担海淀区内智力障碍儿童及青少年的义务教育工作。

2.1992 年 7 月，海淀培智中心学校新校址落成，建筑面积约 3040 平方米。

3.1993 年 4 月，北京市弱智教育研讨会在我校召开，国家教委、市区教育局领导出席会议，与会领导有：周耿、李慧玲、汤世雄、包天臻、赵永平、高孝文、刘慧敏等。

4.1993 年 5 月，我校笛鼓队参加北京市第二届弱智儿童文艺汇演，并取得优异成绩。笛鼓声声，打开了智障教育新局面。

5.1993 年 9 月，我校教师自编一套《手指穴位操》。该穴位操由北京体育大学刘绍增指导，教师王海、李满、马廷慧、梁纪湘、郝秀芝、朱如意参与编制。刘慧敏局长参加专家鉴定会并讲话。

6.1995 年 2 月，海淀区残疾青少年随班就读工作经验交流会在我校召开，探讨随班就读青少年教育工作。

7.1995 年 11 月，全国儿童孤独症研究进展研讨会在我校召开。

8.1996 年 10 月，全国第三届弱智学校校长研讨会在我校召开，对培智学校的发展及教育教学工作进行研讨。

9.1996 年 10 月，我校教师参加北京市首届特教系统青年教师教学基本功比赛，获团体二等奖，曲丽云、杨铁梅获一等奖，王红霞获三等奖。

10.1996 年 11 月，亚太地区残疾人运动会召开。我校学生陈丹在亚太地区残疾人运动会上获 400 米金牌。

11.1996 年 12 月，海淀区青年教师风采大赛举行，我校排演的小品《老师像妈妈》获大赛一等奖。

12.1997 年 3 月，国家教委特教处副处长王姝、普教司副司长付国亮、市教育局领导来我校视察工作，对我校工作给予了充分肯定。

13.1997 年 7 月，全国弱智及行为问题儿童行为矫治与书法治疗研习班在我校召开，高尚仁教授、张伯源教授、李慧玲处长等来校参会。

14.1997 年 10 月，第 22 届香港特殊奥运会城市邀请赛，我校有 9 名学生参赛，共获得 13 枚奖牌。

15.1997 年 12 月，国家民政部副部长、特奥会主席阎明复及夫人来我校参观。

16.2000 年 11 月，全国自闭症儿童训练暨身心障碍者职业教育研修班开班。

17.2001 年 2 月，爱尔兰科技部部长来校参观，与学生一起参加活动。

18.2001 年 4 月，第二届家长与专业人士交流会在我校举行，此次交流会由广东特殊孩子家长俱乐部主办，海淀培智中心学校、北京孤独症协会协办。

19.2001 年 10 月，全国孤独症儿童家长培训班在我校举行。

20.2002 年 6 月，我校参加全国第三届"利君药"会杯特奥会，陈放同学在足球比赛中获一等奖，并为北京队获得第一枚金牌。

2003—2008 年

1.2003 年 12 月，《儿童生活适应教育训练丛书》出版。我校于 1997 年开始在全国范围内率先进行智障教育课程改革，经过几年的反复实践研究，探索出一套适合智障学生发展的适应性课程。老师们凭借多年实践经验的积累以及编写小组的辛勤努力编写出我校一系列校本教材，于 2003 年 12 月正式出版。教材的内容依据十大领域适应性课程目标，对十大领域目标按年级特点进行划分，再经过统整分析，最后以单元主题的形式进行呈现。各年级教材共 9 册，每年级一册。

2.2004 年 5 月，《伟思童学生综合评估系统》1.0 版研制成功。这是我校自主研发的科技软件，由万方数据电子出版社正式出版发行。本研究成果获北京市海淀区"教育科研创新成果奖"。该软件的显著特色在于开发了界面美观、方便使用的课程目标评估体系，便于教师使用，而且可以做多种直观的教学需求与效果分析，有助于教师提出适合儿童需求的教学目标，展示教学效果。

3.2004年5月，海淀培智"校本教材交流研讨会"在我校举行，来自全国17个省市的67名教师参加了研讨，取得了良好的效果。

4.2004年10月，中国少年先锋队海淀区第四次代表大会在北京航空航天大学体育馆开幕。我校经过各中队评选，七中队顾业明同学代表全体少先队员参加了此次盛会，刘序霆同学获得了北京市"红领巾奖章"，八中队获海淀区优秀少先队中队称号，杨铁梅老师被评为海淀区优秀中队辅导员。

5.2004年10月，我校参加北京市特奥运动会。北京市特奥运动会分两个阶段在门头沟体育场和北京体育大学举行。我校共有41名学生代表海淀区参加了此次盛会的五个比赛项目，经过角逐，共取得金牌12枚，银牌16枚，铜牌7枚，并荣获大会组委会颁发的优秀组织奖。本次特奥会充分体现了"我也要平等参与，我也要分享快乐"的主题。

6.2005年3月，海淀培智校本教材配套教师用书正式出版。我校校本教材——《儿童生活适应教育训练丛书》出版以来，全国各相关机构和特殊需要学生家长都给予了极大的关注，随着海淀培智校本教材研讨会的圆满召开，更多的兄弟单位对海淀培智的课程体系有了更深的了解。海淀培智校本教材配套教师用书随之正式出版。

7.2005年5月31日，海淀中心学区"师德教育基地"在我校成立。在海淀中心学区党委改选大会上，我校被光荣授予"师德教育基地"的称号。作为全中心唯一的"师德教育基地"，这不仅是对我校教师职业道德、思想修养的一种肯定，也是对我校教师的一种鼓励，是我校加强师德建设的里程碑。

8.2005年6月，我校参加北京市特教中心艺术节。舞蹈《我的家乡》、诗朗诵《中国的伟大旗帜》、钢琴独奏《同一首歌》《威廉退尔序曲》等节目参与了比赛，并且受到了在场观众和评委的一致好评。

9.2005年9月，参加首届海淀区特奥会。海淀区特奥会在我校拉开帷幕，我校全体师生以及海淀区各街道的特奥运动员、北京体育大学的志愿者们共计 300 余人参加了此次活动，海淀区残联李增辉理事长和我校于文校长积极地为运动员们加油助威，伴随着"勇敢尝试，争取胜利"的口号声响彻广场，特奥会取得了圆满成功。

10.2005 年 10 月，参加"慈善爱心义跑嘉年华"活动。我校百余名师生和学生家长在北京海淀公园参加了由英特尔（中国）有限公司与国际特奥会共同倡议的"未来我们创造"慈善爱心义跑嘉年华活动。义跑传达了全社会对智障人士的关爱，也向特奥会传达了北京的热情和活力。我校学生在活动中还演唱了《因爱坚强》《感恩的心》两首歌曲，向热心的社会人士展示了特殊儿童丰富多彩的内心世界。

11.2005 年 11 月，"送教上门启动仪式"在海淀培智中心学校隆重召开。参加大会的领导有：北京市残联领导、海淀区残联理事长周修富、海淀区教委副主任尹丽君、海淀区团委副书记李航、海淀区妇联副主席黄燕、海淀区教委小教科黄科长、海淀区培智中心学校校长于文，参加大会的大学生志愿者有 45 人，家长代表 3 人。大会由海淀区残联副理事长马广英主持。海淀区培智中心学校杨铁梅老师被聘为"送教上门"活动专业指导教师，会后对志愿者进行了相应的培训。

12.2005 年 11 月，我校参加江西瑞金"爱心手牵手"捐助活动。在活动中，于校长向同学们讲述了"爱的故事"；晓云、阿若、小忧等同学宣读自己写给瑞金小朋友的一封信；我校师生向他们赠送了友好信物——中国结。在随后开展的"爱心手牵手"捐助活动中，182 笔捐助汇到一起，就像 182 颗爱心聚在一起。同学们向瑞金小朋友奉献出了自己的一片爱心，并鼓励他们：不要向困难与命运低头，要用知识改变自己的生活和命运！

13.2005 年 12 月，我校接待美国特教学习考察团 20 余人，于文校长首先向来宾们做了关于学校教育、教学方面的介绍，之后考察团参与了学校的兴趣小组活动，对学生们做的工艺蜡烛、工艺香皂、国画、书法等表现出了非常浓厚的兴趣，对我校的课程改革和教育成果给予了高度评价。

14.2006 年 4 月，我校参加北京市特殊奥林匹克运动会暨第四届全国特殊奥林匹克运动会选拔赛，我校在校学生及往届毕业生代表海淀区残疾人联合会参加比赛。

15.2006 年 4 月，全国培智学校课程研讨会在北京市海淀区培智中心学校隆重召开。这次研讨会是由中国教育学会特殊教育分会智障教育专业委员会主办，由北京海淀培智中心学校承办。参加开幕式的领导有：教育部基础教育司特教处处长谢敬仁同志、中国残疾人联合会处长李冬梅同志、北京联合大学特教学院书记曲学利同志、中国教育学会特殊教育分会理事何金娣、于文、钱艳同志。参加这次大会的领导、教师代表来自全国 22 个省市地区共70 个单位，120 多人。开幕式由中国教育学会特殊教育分会智障教育专业委员会主任委员洪佳琳同志主持。谢敬仁处长作了大会主题发言。

与会的专家有中央教育科学研究所陈云英博士、中央教育科学研究所主任高峡同志、北京联合大学特教学院院长许家成教授。有多家学校带了本学校的校本课程研究成果，做了校本教材的成果展示。参加研讨会的各校领导、老师就校本课程设置的指导思想、课程标准的研制、课程改革的目的等作了交流，并展开了热烈的讨论。在最后一天的专题讲座中，中央教育科学研究所的陈云英博士就这次研讨会作了专题发言。

16.2006 年 5 月，举办《希望之火在这里重新点燃》画册出版发行仪式。由海淀区妇联、海淀区教委、海淀区残联主办，海淀培智中心学校承办的"点燃希望之火，让爱在这里凝聚"——纪念全国第 15 次助残日暨《希望之火在这里重新点燃》画册发行仪式于 2005 年 5 月 13 日下午 14:00 在海淀培智中心学校举行。参加首发仪式的领导有：中残联理事、研究室主任张宝林，副区长吴亚梅，区妇联主席吴琢如，区教委副主任尹丽君，培智中心学校校长于文，原区妇联主席刘淑叶，原培智中心学校校长马廷惠，《希望之火在这里重新点燃》发起人王志恒、赵瑞。首发式上我校学生表演了精彩的节目。

17、2006 年 7 月，我校 6 名特奥运动员入选北京代表团，参加在黑龙江省哈尔滨市举行的全国第四届特殊奥林匹克运动会。本次运动会中我校运动员参加了足球、篮球、游泳三个大项的比赛，在比赛过程中他们顽强拼搏，取得了五金、两银的优异成绩。

18.2007 年 9 月，中国儿童少年基金会与恒源祥（集团）有限公司共同发起的"恒爱行动"在我校正式启动，也拉开了 2007 年度恒源祥寻找爱心父母为孤残儿童编织毛衣的序幕。全国妇联副主席、书记处书记、中国儿童少年基金会副理事长莫文秀，中国儿童少年基金会秘书长宋立英，副秘书长吴振英，恒源祥（集团）有限公司董事长刘瑞旗及爱心父母代表一行出席了启动仪式。爱心父母代表"法官妈妈"尚秀云、李素丽公交服务热线爱心小组的代表、周恩来总理侄女周秉德等一起来到我校学生的身边。我校的学生们也用精彩的演出表达了对爱心父母们的感谢。

19.2007 年 9 月，中秋佳节之际，我校在北京光彩教育基金会的联系下，携手北京二十一世纪实验幼儿园，开展了"关爱、分享、同庆"中秋节活动，活动中我校的孩子和幼儿园的小朋友一起互动、表演节目，用优美的歌声，灿烂的笑容，带给大家最纯真的节日祝福。

20.2008 年 4 月，我校学生排演的情景剧《牙齿的烦恼》参加北京市第十一届校园艺术节戏剧专场表演，获得北京市二等奖的好成绩。

21.2008 年 4 月，为迎接奥运倒计时 100 天的重要日子，我校开展了"福娃进校园，特奥嘉年华"大型主题教育活动。海淀少工委办公室纪小恒主任、体卫中心马受良主任、新闻中心赵月明主任以及培智学校师生、家长、中国人民大学志愿者 300 余人参加了此次活动。学生们进行了圣火传递仪式，当 5 个可爱的福娃来到同学们中间和大家一起参与特奥运动项目的时候，会场气氛达到了高潮，大家在用自己的行动诠释着奥运所传达的一种理念：参与就是胜利！

22.2008 年 5 月 9 日，海淀区培智中心学校新校址启用。在全国第 18 个助残日来临之际，来自国家教育部、北京市教委、海淀区政府、国际特奥、残联等各级领导和嘉宾及学校师生 300 余人欢聚在海淀区培智中心学校新学校运动场，参加我校的新校区启用典礼。

国家特奥工作部部长凡虹、海淀教工委书记张卫光、教委主任孙鹏等领导参加了剪彩仪式。海淀教委主任孙鹏代表海淀教委，向新学校的落成使用表示热烈的祝贺；向一贯以来关心支持该校发展的社会各界、向为学校的发展做出贡献的全体教职员工和历任校领导、离退休老师致以崇高的敬意！

学校发布了新校歌《我们与海淀培智共成长》，领导和来宾们兴致勃勃地观看了学生手工艺现场制作展示，欣赏了学生们表演的舞蹈《中国龙》和教师们表演的精彩节目，最后，领导、嘉宾与师生们共同放飞了寓意为"希望"的五彩气球并合影留念。

海淀区培智中心学校新校址比原学校扩大了近 2000 平方米使用面积，设计新颖，设备齐全，环境优美，具备了教育、康复训练、职业培训、对外咨询的综合性功能，现代化的培智学校新校区改建工程的顺利完工，是海淀培智学校发展史上新的里程碑，更是党和国家关心智障教育、关爱弱势群体、创建和谐社会的具体体现。

23.2008年5月，海淀区培智学校组织全体师生为四川地震灾区捐款，党员集体朗诵《我们永远在一起》表达同胞间的血肉情怀；团员教师的演唱的《相亲相爱一家人》体现手足温情；全体师生共同唱响《从头再来》，为灾区人民加油，鼓励他们尽快走出灾难阴影，早日重建家园。全校师生累计为四川地震灾区捐款44949.6元。

24.2008年5月，我校20名学生参加了"第三届奔向2008海淀区青少年文化艺术作品评选"活动。本次活动由北京市海淀区教育委员会，北京市海淀区文化委员会，北京市海淀区文联，北京市爱家国际美术馆联合组织，面向海淀区广大青少年征集绘画、书法、摄影作品。我校学生积极参加，取得了可喜的成绩。王瑶同学获得工艺制作一等奖；田立宝、匡伟、邹广之同学获得儿童画一等奖；宋泽维、周凯文、康睿同学获得儿童画二等奖；吴赫曦获得儿童画三等奖。胡斌荣获优秀指导教师奖，我校获得了最佳组织奖。

25.2008年6月1日，中共中央政治局委员国务委员刘延东与海淀培智中心学校的同学们共度"六一"儿童节。

26.2008年11月，海淀区政协领导以及知名特教专家来我校视察并指导工作。他们认真听取了于文校长的工作汇报，兴致勃勃地参观了我们的新学校，并对学校的办学理念、教育教学工作给予了充分肯定！

27.2008年12月，国际特奥会东亚区家庭论坛在海淀培智中心学校举行，共有来自我国内地和香港、澳门、台北地区，以及韩国特奥会的26位家庭领袖参加了此次活动。我校梁晶、杨勇、贾德刚、李娜、刘沙5位教师在会议期间为推广东亚区幼儿运动员计划项目进行了幼儿运动员计划培训和展示，受到了与会代表的一致好评。

28.2008年12月，我校32名特奥运动员、18名教师参加了在北京体育大学举行的北京市特殊教育学校首届快乐运动会，共同体验了滚球、足球射门、篮球定点投篮等五个项目，取得金牌10枚、银牌6枚、铜牌4枚。

2009—2012 年

1.2009 年 4 月，我校 30 名特奥领袖参加了国际特奥东亚区"播种绿色——瑞银·特奥手拉手爱心植树活动"。参加当天活动的还有 UBS 志愿者以及东亚区的员工共计 80 余人。期待有朝一日"特奥爱心林"的这些小树长成参天大树，也期待着在学校、家庭、社会的共同努力下，海淀区的特奥运动能够取得更加广阔的发展。

2.2009 年 11 月，"'关注学生需求提升教育品质'走进全国特教先进学校"活动在我校举行。教育部基础教育二司谢敬仁处长代表教育部、民政部、中残联在会上主持了授牌仪式，授予我校"全国特殊教育先进学校"的荣誉称号，并作了精彩发言，海淀区 100 余所小学的教学干部参加了此次活动。

与会人员通过参观校园环境、走进特色课堂、观看学生的康复训练和心理辅导活动，全面感受海淀培智学校的优秀教育品质。海淀培智中心学校于文校长、海淀区特殊教育管理中心资源教师王红霞及教委张凤华副主任在大会上作了精彩的报告，使与会人士进一步了解了全区内特殊儿童的教育现状。活动之后，北京联合大学特殊教育学院许家成院长对此次活动及我校的办学理念、特色发展给予精彩点评及展望。此次活动的顺利开展是海淀区培智中心学校"关注学生需求，提升教育品质，打造精品教育"这一办学宗旨的有力体现。

3.2009 年 11 月，为了发挥骨干班主任的示范引领作用，促进新教师的专业成长，提高年轻班主任的教育水平、班级管理水平和班级文化建设水平，我校隆重举行了"青蓝携手促成长师徒结对"活动。在《好大一棵树》深情的背景音乐下，校长亲自为指导教师们颁发了聘书，徒弟们恭恭敬敬地向师傅们敬上了一杯热茶。梁雪冰老师和王秀琴老师分别代表师徒发言，于文校长向结对的师徒们提出了殷切的希望，希望新教师们学习师傅们优良的师德和踏实敬业的工作作风，求实创新，不断提升自己的专业技能和科研能力，提升班主任工作的艺术性和实效性，尽快成长为学校的骨干。本次活动充分发挥了骨干班主任的示范引领作用，促进了新教师的专业成长，对于学校优质教师队伍的培养与可持续发展具有重大意义。

4.2009 年 11 月，海淀区特奥领袖选拔赛在我校如期举行，共有 17 名特奥运动员参加了本次选拔，学校的5名专业教师担任评委，20余名师生代表担任大众评委。比赛中各位参赛选手分别进行了演讲、才艺展示、特奥知识问答等比赛内容，他们的演讲慷慨激昂、才艺展示生动多彩、知识问答准确无误，运动员们的现场展示赢得了阵阵喝彩。

本次选拔活动历时一年，经历了初选、培训、复赛、决赛几个阶段，活动的开展使特奥运动员们对特奥运动理念的认识更加深刻，特奥知识更加丰富，特奥运动技能更加娴熟，参与特奥的热情更加高涨。同时他们的语言表达、与人沟通、综合才艺等方面的能力也有了很大的提高。

5.2009年12月，海淀学区组织了"走进资源校系列活动"，该活动拉近了培智学校与其他普校间的距离，使普校老师更多地理解特殊儿童的学习生活、了解特教老师的专业工作，这必将使海淀学区的随班就读工作走上一个新的台阶。

6.2010年3月，"发挥优势，资源共享——海淀学区一帮一活动"启动仪式在海淀区培智中心学校召开。出席此次活动的嘉宾有海淀学区彭欣主任、培智中心学校于文校长和李莹书记、学区内11所学校的主任和17名随班就读教师、培智中心学校的11名巡回辅导教师。

7.2010年3月，以"走进海淀培智 学习师德先进"为主题的海淀区新任教师培训于3月22日和23日下午在我校举行。活动中新任教师们聆听了于文校长办学思想介绍及曹燕老师的事迹报告，观看了学生们的才艺展示，更走进课堂和学生们一起参与了教学活动。

8.2010年5月，"传递师爱 播洒阳光"海淀学区师德基地启动仪式在我校举行。

9.2010年10月，"传递师爱，温暖心灵——2010-2011学年海淀区中小学新任教师师德培训"在我校举行，新教师们通过听先进师德汇报、观看学生表演和分组听课等形式进行了为期一天的培训。我校青年教师师德事迹汇报朴实、感人，令每一位参加师德培训的新教师感动。学生们的书法、珠艺、气球造型和编织表演让新任教师对这群特殊的孩子有了新的认识，弱智孩子一样活得很精彩！我校特奥明星以一曲《放飞梦想》把培训活动推向高潮。

10.2010年11月，全国孤独症儿童康复教育训练培训班在我校举行。该培训由北京市特殊教育研究会主办，为期3天，参会的有外地特教机构的教师、家长以及北京的一些特教机构、民办机构和随班就读的普小教师。这次培训班从孤独症儿童的训练意义、教育评估方式、感觉统合训练、动作训练、语言训练、游戏训练以及班级教育等多角度进行，与会者都表示收获颇丰。

11.2011 年 3 月，海淀区教委召开中小学校推进资源教室建设暨检查评估工作会。会议由培训、讨论交流和资源教室评估布置工作三部分组成，听取《资源教室概述》、《资源教室功能、运作与评估》、《全纳教育新趋势》专题培训，永定路中学和首师大附小交流资源教室在本校的运作情况和取得成效，中小学资源教师分组就学校资源教室现状、资源教室活动开展情况、资源教室在随班就读工作中的重要性及发挥作用等议题交流和讨论，特教中心布置资源教室建设评估工作，解读海淀区资源教室建设评估方案。市区领导专家及中小学教师 74 人参加了会议。

12.2011 年 4 月，海淀培智学校与海淀精神防治卫生院开始为我校学生免费发放药品，此次发放药品地点位于培智学校医教结合中心。2010 年年底，学校与海淀区精神防治卫生院结合医教结合理念，签订手拉手合作协议，卫生院配合特殊教育学校，提高在校儿童教育训练进程和效果，为学生提供免费医疗服务，包括免费服药、健康咨询、免费残疾等级评估等项目。2011 年全年免费发药经费合计 9.6 万元，发药 135 人次，药品种类全部为进口精神科专科药品，用于稳定患儿情绪及控制患儿行为以辅助教育训练。

13.2011 年 5 月 5 日，海淀区教工委张卫光书记一行 17 人来校座谈交流。张书记参观了校园环境，观看学生兴趣小组和康复训练，听取该校情况介绍，青年教师的师德报告《师爱，永不言弃》，观看了青年教师集体诗朗诵《在路上》。

14.2011 年 9 月，第 27 个教师节来临之际，团市委副书记杨立宪一行 3 人来到学校，看望工作中特教老师们。团市委领导观看动作训练教师为脑瘫儿童做康复训练，舞蹈表演《马蹄声声》，我校学生现场为杨立宪画肖像画，观看学生小号和架子鼓合奏表演，与教师交流工作、生活、身体状况等，肯定了海淀培智学校在特殊教育领域做出的贡献，强调教师工作的艰辛与伟大，对特殊教育的责任心。

15.2011 年 11 月，家庭教育大讲堂举办特教讲座。该系列讲座由海淀区教工委、区教委、区政府教育督导室联合组织，第六讲围绕"共创和谐育人环境，奠定孩子幸福人生"主题，邀请海淀区特殊教育管理中心主任、海淀培智中心学校校长于文主讲，报告题为《关注差异关心成长》，针对区内特殊需要学生情况，列举其类型及特点，从生态环境、人文环境及教育环境等方面分析，找出问题根源及解决问题的方法。海淀区家长、随班就读教师共110人参加活动。身心障碍儿童选择了在普通学校随班就读。海淀区除有430名随班就读小学生，233名随班就读中学生外，每个学校都有部分学习障碍、感统失调、多动症、心理问题、交往障碍、阿斯伯格等特殊教育需要学生。

16.2011年12月，随班就读工作研讨会在我校召开。来自海淀区特教管理干部教师56人参加会议。会议解读随班就读学生手册和资源教室使用手册，认为海淀区特教工作已形成随班就读为主体、特教学校为骨干、送教上门为补充的特色形式；听取海淀区特教中心主任"让有特殊教育需求的孩子快乐成长"、首师大附小教师"博采众长，继承创新，努力做出有中国特色的特殊教育"的发言。成立自闭症、听力障碍、视力障碍、小学资源教室和中学随班就读综合组5个教研组，宣读教研员职责，向36名教研员颁发聘书，各教研组针对随班就读工作现状和发展需求，结合课题研究制订本组教研计划做汇报。

17.2012年2月，海淀区傅首清区长来我校参观。在聆听了于文校长所做的关于培智学校总体情况的介绍后，进入课堂参观孩子们丰富多彩的潜能课程和专业的康复训练，并欣赏了我校学生带来的舞蹈《马蹄声声》和教师的诗朗诵《在路上》。区领导对学校工作给予充分肯定，表示要大力支持、发展特殊教育。

18.2012年5月，海淀学区"放飞梦想，与爱同行"师德演讲比赛举行。来自13个学校的13位青年教师参加了比赛，经过激烈的角逐，我校张煜晨老师以96.4分的成绩获得了一等奖的第一名。海淀学区王越、李亚楠主任亲临现场，认真聆听了每个选手教书育人的感人故事，并为获得一、二等奖的选手颁奖。

19.2012年5月，我校为迎接六一儿童节举行的"天性才情 爱之表达"书画展亮相水立方。著名书画家焦秉义老先生亲临开幕式现场，为我校赠送了宝贵的笔墨，并为开幕式剪彩。北京电视台科教频道、海淀教育新闻网等媒体也对开幕式进行了报道，此次画展时间为 5 月 30 日至 6 月 20 日。

20.2012 年 5 月 31 日，在六一国际儿童节来临之际，我校在举行以"爱在蓝天下 快乐共成长"为主题的庆六一活动。海淀区委教育工委副书记甘丽萍亲临活动现场，在于文校长和李莹书记的陪同下观看了孩子们的精彩演出，并为我校捐赠一万元。学生家长也亲临庆祝现场，同孩子们一起度过了这个属于孩子们的节日。

21.2012 年 6 月，海淀教委张彦祥副主任一行来我校调研。本次调研重点围绕智障新生入学、教学场地、办公经费、人员编制等问题进行展开。张主任充分肯定了我校的办学成绩以及近年来对海淀区特殊教育的有效推动和深刻影响，并对残障学生和学校一线教师表示真切慰问，他明确表示：海淀培智今年招生工作压力大、任务重，学校一定要做好招生后期工作和配套的学生安置方案，让学生和家长满意，只要是有利于学校发展的提议或者建议，区教委都会全力支持，积极帮助学校排忧解难，也希望学校在特殊教育研究和管理方面进一步做专、做实、做出海淀特色，从而引领海淀特殊教育走出更广阔的发展空间。

22.2012 年 7 月，波音公司 50 余名志愿者来到我校，组织并参与了我校学生的特奥活动，足球射门、运球跑、滚球等特奥项目受到了孩子们的欢迎，最后志愿者与我校足球队学生举行了足球赛，我校足球队员的精彩表现受到赞扬。

23.2012 年 9 月，在第 28 个教师节来临之际，我们迎来了全国政协教科文卫体委员会的政协委员们，为我们送来了慰问和祝福。孙家正副主席听取了我校于文校长关于学校基本情况的介绍，并观看了我校学生和老师的精彩演出，最后参观了孩子们丰富多彩的课堂活动。政协委员们对我校教师的爱岗敬业和无私奉献给予了高度评价。相信有了国家对发展特殊教育的重视，社会各界对特殊教育的支持，特殊教育和特殊孩子的明天会更美好！

24.2012 年 9 月，国际语言康复专家聘任仪式暨儿童语言健康国际研究中心挂牌仪式在我校举行。来自澳大利亚的斯蒂芬·克雷恩教授、北京语言大学的高立群教授等人参加了聘任仪式。仪式由我校的李莹书记主持，由校长于文为受聘专家颁发聘书。斯蒂芬·克雷恩教授对语言研究中心的成立表示了祝贺，并对语言学理论发表了自己的见解。之后，斯蒂芬·克雷恩教授为学校赠送了部分教学实验用具，为学生开展语言康复提供便利。研究中心的成立将为我校的语言康复工作带来最新的国际理论和前沿研究成果，并将培养出一批具有语言康复专业技能的专业老师，从而使更多的语言障碍儿童及其家庭受益。

25.2012 年 9 月，全国自闭症儿童青少年教育工作研讨会在我校举行。国家发展改革委员会、人力资源处、教育部发展规划司、中国残联和北京市教委的有关领导以及各机构的负责人和专家 30 余人参加了此次会议。各位领导和专家在于文校长的陪同下参观了我校针对自闭症儿童开展的特色教学和康复活动，随后进行了有关自闭症儿童青少年教育的研讨活动，此次会议的顺利开展，将使更多的自闭症儿童青少年受益。

附录 2

海淀培智荣誉榜（2006 年至今）

年 份	荣 誉 名 称	颁 发 单 位
2012	海淀区教育系统党建创新示范项目先进单位	中共北京市海淀区委教育委员会
2012	第六届《枫叶杯》全国青少年儿童书法绘画艺术大赛团体特等奖	中国书法协会
2012	中国教育学会"十二五"教科研规划重点课题实验基地校	北京教育学院
2011	全国"十一五"教育科研先进单位	教育部中国教师发展基金会
2011	北京市教育科研先进单位	北京教育科学研究院
2011	海淀区"十一五"残疾人工作先进单位	海淀区残疾人工作委员会
2011	海淀区"十一五"时期教师继续教育先进学校	海淀区教委、海淀区教工委、海淀区人民政法督导室
2011	海淀区十大明星志愿服务团队	海淀区志愿者联合会
2011	海淀区中小学心理健康教育特色学校	海淀区教育委员会
2010	北京市模范集体	北京市政府
2010	北京市扶残助学送教上门志愿服务活动先进单位	北京市残疾人福利基金会
2010	小学课程改革专项成果奖	海淀区教工委
2009	全国特殊教育先进单位	教育部、民政部、中残联
2009	北京市特殊教育工作先进集体	市教委、民政局、市残联

2009	星星火炬奖	海淀区教委、海淀区少工委
2009	北京市特教学校庆六一文艺汇演优秀表演奖	市特教研究会
2008	北京市第十一届学生艺术团校园剧二等奖	市教育委员会
2008	学习实践科学发展观活动先进集体	海淀区教育委员会
2007	海淀区 2005-2007 年教科研先进集体	海淀区教育委员会
2007	教育系统党建论文组织奖	海淀区教工委
2007	北京市残疾人文艺汇演优秀奖	市残联
2007	北京市 2005-2007 年教育科研先进单位	海淀区教育委员会
2007	精神文明先进单位	海淀区人民政府
2006	海淀区十五期间残疾人康复工作先进单位	海淀区政府
2006	残疾人康复工作先进单位	市人民政府残疾人工作协调委员会